WESTEND

Simone Weil

Von der Schwierigkeit, den Kopf zum Himmel zu heben

Mit Vorbemerkungen von
Britta Müller-Schauenburg

Aus dem Französischen
von Tabea A. Rotter

WESTEND

Die Originaltexte *Expérience de la vie d'usine* und *Condition première d'un travail non servile* sind 1942 unter dem Pseudonym Émile Novis erschienen.
Quelle der vorliegenden Übersetzung sind: *Œuvres complètes, II, 2*, S. 549–551, Gallimard 1988 / *Œuvres complètes, VI, 3*, S. 313–315, Gallimard 1994.

Mehr über unsere Autor:innen und Bücher:
www.westendverlag.de

Die Deutsche Nationalbibliothek verzeichnet diese Publikation in der Deutschen Nationalbibliografie; detaillierte bibliografische Daten sind im Internet über http://dnb.d-nb.de abrufbar.

FSC www.fsc.org
MIX
Papier | Fördert gute Waldnutzung
FSC® C083411

ISBN: 978-3-86489-400-8

Umschlaggestaltung: Michaela Spohn Design
Satz: Publikations Atelier, Dreieich
Druck und Bindung: CPI – Clausen & Bosse, Leck
Printed in Germany

Inhalt

Vorbemerkungen

Menschliche Arbeit gehört zum Grundbestand einer menschlichen Welt. Wo immer man hinschaut, so unterschiedlich die Religionen, Schönheitsideale, Lebensmittel und Vergnügen sein mögen – überall geschieht es: »Strahlt die Sonne … geht der Mensch hinaus an sein Tagwerk, an seine Arbeit bis zum Abend« (Psalm 104). Und das ist auch religionsgeschichtlich nicht erst nach der Vertreibung aus dem Paradies so, wo Gott sprach: »Im Schweiße deines Angesichts sollst du dein Brot essen.« Die Arbeit ist, folgt man der jüdisch-christlichen Tradition, schon im Paradies angesagt: Gott setzte den Menschen in den Garten Eden, »damit er ihn bebaue und hüte«. Sie verändert sich allerdings mit dem Sündenfall zu einer Medaille mit zwei Seiten: Denn ab sofort ist der bislang freie Mensch von ihr abhängig, das heißt, er wird im Verhältnis zu ihr unfrei, und er wird müde, denn sie ist anstrengend.

Wer bis hierher gelesen hat, hat das Altbekannte bereits hinter sich gebracht. In den beiden Texten, die vorliegend neu herausgegeben werden, verbindet zwar Simone Weil ebenfalls das Unglück der Fabrikarbeiter mit Religion. Aber sie tut es anders als der voranstehende Abschnitt. Sie geht den nächsten Schritt. Sie beginnt nicht bei Adam und Eva. Ihr Thema ist nicht die Spezies Mensch oder die Arbeit im Allgemeinen.

Trotz ihrer Verwurzelung im Denken Platons ist ihr das Allgemeine suspekt. Sie nimmt ihren Anfang am konkreten Tor »ihrer« Fabrik. An diesem Tor studiert sie die Augen der hinein- und hinausgehenden Arbeiter*innen, und nicht nur das: Sie geht in den Jahren 1934/35 selbst hinein zur Arbeit an der Maschine und erlebt, was dabei passiert. Notiert es in ihr Fabriktagebuch. Und denkt darüber nach. Daraus entstehen Briefe, theoretische und programmatische Texte. Die hier neu vorgelegten zählen darunter zu den aufregendsten.

Die Autorin Simone Weil wurde am 3. Februar 1909 geboren. Ihre Lebensgeschichte kann und muss hier nur kurz skizziert werden. Als zweites Kind jüdischer Abstammung wuchs sie in einem gebildeten und großbürgerlichen Umfeld auf. Ihr mathematisch hochbegabter Bruder vermittelte ihr das Gefühl eigener Mittelmäßigkeit und spornte sie zugleich in ihrer geistigen Entwicklung an. In der Schulzeit bereits mit exzellenten Kenntnissen von Literatur und sowohl modernen als auch klassischen Sprachen ausgestattet, studierte sie Philosophie. Zugleich begann ihr politisches Engagement und eine eigenwillige, kämpferische und zugleich radikal pazifistische Solidarität, wo immer sie Unterdrückung wahrnahm. Ihre erste Stelle trat sie als Lehrerin an in Le Puy, einer Kleinstadt in Südfrankreich, ein Jahr später kam sie nach Auxerre und nach wiederum einem Jahr nach Roanne. Sie lehrte wirkungsvoll, aber sie passte nicht in das System, und es zog sie in die Fabriken und in den Widerstand. Mit ihren Eltern auf der Flucht im nationalsozialistisch besetzten Frankreich gelangte sie 1940 nach Marseille und wartete dort auf die Weiterreise in die Vereinigten Staaten. Während dieser Zeit kam sie in Berührung mit dem Katholizismus und erfuhr so etwas wie eine mystische Bekehrung. In Marseille machte ein Freund sie mit Joseph-Marie Perrin bekannt, einem Dominikanerpater. Diesem überließ sie ihre Notizen 1942 vor der Überfahrt nach New York und weiter nach London, wo sie eine Weile für die französische Exilregierung tätig wurde, bis sie das nicht mehr überzeugte. Im April des folgenden Jahres wurde sie in ein Krankenhaus eingeliefert, geschwächt und ausgezehrt. Sie hatte seit ihrer Jugend an dauernden Kopfschmerzen gelitten und sich niemals geschont. In England hatte sie sich solidarisch auf die Nahrungsmenge begrenzt, die auch ihren Landsleuten in Frankreich zur Verfügung stand. Am Ende weigerte sie sich, überhaupt noch etwas zu sich zu nehmen. Sie starb schließlich am 24. August 1943 an Tuberkulose.

Zuerst bekannt wurden ihre religiösen Schriften. Perrin gab die ihm überlassenen Texte unter dem Titel *Attente de Dieu* heraus, und sein Freund Gustave Thibon die ihm in gleicher

Weise überlassenen Notizen unter dem Titel *La pesanteur et la grâce*. Damit war die Mystikerin Simone Weil veröffentlicht. Doch erst die Publikation des Gesamtwerks machte die größere Breite ihres Spektrums sichtbar. Zu diesem Spektrum gehören, neben anderem, auch Lesenotizen zu Klassikern, eine Vielzahl technischer und mathematischer Überlegungen und die politische Philosophie.

Mit keinem ihrer Interessensgebiete passt sie in eine Denkschublade, es sei denn, vielleicht, man besäße eine Kategorienkommode, in der etwa Dorothy Day, die sozialistisch-katholische Gründerin der Catholic-Worker-Bewegung, bereits einquartiert ist, und Johanna von Orleans, die heilige und eigensinnige Kämpferin, und die Mystikerin des Alltäglichen, Madeleine Debrel, und Edith Stein als jüdische Philosophin, die zur Karmelitin wurde. Sie sind verbunden durch ihre Bildung und einen grenzenlosen Mut, welcher gepaart ist mit einer aus Mitleid gespeisten Mystik des »Kreuzes« und zugleich, was widersprüchlich erscheinen mag, einem radikalen Sinn für Gottesferne. Und das Geschlecht, wenn man so will.

Welche dieser Eigenschaften Simone Weil in die Fabrik brachte, ist nicht leicht zu sagen. Nicht einmal, ob es eine der genannten Eigenschaften war. Es könnte genauso gut das Höhlengleichnis von Platon gewesen sein, dessen »Mythen« (Gleichnissen) sie grundsätzlich vor allen anderen platonischen Texten den Vorzug gab und das dem zum Licht Aufgestiegenen den Rückweg und Abstieg in die dunkle Tiefe zur Pflicht macht. Wer erkannt hat, so Platons Botschaft, soll daraus nicht nur für sich selbst Nutzen schlagen, sondern sein Erkennen zur Aufklärung der Dunkelheit für andere einsetzen, und dazu muss er ins Dunkel, die Höhle, zurück. Was Platons Höhle und Weils Fabrik – und das Spektrum ihres politischen Engagements insgesamt – gemeinsam haben, möchte ich im Folgenden grob skizzieren. Jedenfalls: Ihr Denken (oder: ihre Philosophie) korrespondierte mit Praxis (oder, pathetischer gesagt: mit ihrem Leben). Das eine verschmolz geradezu mit dem anderen.

Die soziale Frage

Karl Marx' Lösung der sozialen Frage war Simone Weil vertraut, seine Stoßrichtung überzeugte sie jedoch nicht. Die Situation, der sie sich zuwandte, war aber dieselbe: Eine wachsende Zahl von Menschen zog jeden Tag in die Fabriken, um dort ihren Lebensunterhalt zu verdienen. Das Leben, das dieser Lebensunterhalt unterhielt, verdiente nur die Bezeichnung »Leben« allzu oft nicht mehr. Die Verelendung ganzer Bevölkerungsgruppen war offenkundig und fiel umso krasser ins Auge, je mehr der große Wohlstand anderer Bürger nicht neben, sondern gerade auf der Grundlage dieser Verelendung anwuchs und sie in Kauf nahm.

Fast unwillkürlich assoziiert man bis heute mit der Kritik dieser Situation das Konzept einer »Arbeiterklasse« beziehungsweise »Arbeiterschicht«, deren Ausbeutung und Emanzipation seit der Mitte des 19. Jahrhunderts philosophisch bedacht wurden. Das *Kommunistische Manifest* stammt aus dem Jahr 1848. Simone Weil wurde acht Jahre vor der Oktoberrevolution geboren. Ihr Philosophiestudium bei Alain, bürgerlich

Émile Chartier, einem Spezialisten für Moral- und Religionsphilosophie, hatte sie auf die Gerechtigkeitsfrage und den Pazifismus fokussiert. Im Frankreich der 1930er Jahre war verzögert die Weltwirtschaftskrise angekommen und die Ausbeutung der Arbeiter noch größer geworden als noch zu Beginn des 20. Jahrhunderts.

Simone Weil richtete ihr Interesse allerdings nicht hauptsächlich auf die finanzielle Situation der Fabrikarbeiter und auf ihre gerechte Entlohnung an sich. Ihre Sorge galt der sozialen Verwahrlosung im Sinne einer – um diesen altmodischen Ausdruck zu verwenden – seelischen Verelendung. Der Begriff der »Seele« ist heute fremd geworden, aber seine Verwendung durch Simone Weil ist nachvollziehbar, denn er rekurriert, anders als etwa »Psyche«, auch auf intellektuelle und transzendente Dimensionen von Menschen in deutlicher Weise, und erscheint so geeignet als Name für das Ziel der Weil'schen Blickrichtung. Der Mangel an wachem Geist und an Denk-, Sprach und Empfindungsmöglichkeiten bei den Fabrikarbeitern erweckte ihre Aufmerksamkeit.

Der Fokus auf seelische Verelendung entstammt nicht dem Fragenkreis der Ökonomie, sondern der Anthropologie. Er bezieht sich auf den Menschen als ein seelisches und geistiges Wesen. Man findet im Spektrum der natur- und geisteswissenschaftlichen Anthropologien sehr unterschiedliche Seelenvorstellungen. Nicht alle unterscheiden Seele und Geist, und nicht alle rekurrieren auf Vorstellungen von einer quasi substanziellen geistigen Sphäre, an der Menschen Anteil haben. Alle aber gehen von der Interdependenz von Seelischem und Sozialem aus: Eine menschliche Seele, ein Subjekt, erhält Gestalt und Ausdrucksmöglichkeiten im menschlichen Miteinander, und es gibt zugleich kein menschliches Miteinander ohne seelische (oder psychische) Dimension. Das Soziale ist also im Kern ein Seelisches, und umgekehrt. Das wiederum bedeutet, dass die Soziale Frage notwendigerweise auch die Frage nach der menschlichen Seele umfasst.

Und in dieser Weise versteht Simone Weil die Soziale Frage: als Frage nach den Seelen konkreter Menschen in einer konkreten politisch-ökonomischen Situation. Sie betrachtet das Individuum und leuchtet in seine Tiefe, als gäbe es eine philosophische Herzkatheteruntersuchung.

Vision heißt Sehen

Weil ging in die Fabrik, um den Grund der seelischen Verelendung besser zu verstehen. Sie geht restlos auf Tuchfühlung. Sie ist das liebende und lebende Untersuchungsgerät. Dabei nimmt sie wahr, welche äußeren Abläufe vorliegen, wo diese technisch optimierbar wären, welche Handlungsweisen welche Folgen haben, welche »Störungen« vorkommen, welche Personen mit ihr arbeiten et cetera. Außerdem nimmt sie wahr, was sie fühlt, ob es Angst ist, wann Freude, wie ihr Denken auf welche Ereignisse und Zustände reagiert, und auch, was die mit ihr Tätigen tun und empfinden, wessen sie ermangeln und welche Abhilfen für diesen Mangel ihr in den Sinn kommen. Das Fabriktagebuch nimmt die Stichworte auf:

Erste Woche. Beginn Dienstag, 4. Dezember 1934. Dienstag. – 3 Std. Arbeit am Tag: am frühen Nachmittag 1 Stunde Bohren ... Mittwoch früh. – Den ganzen Vormittag am Schwinghebel, mit Unterbrechungen. Ohne Eile. Folglich ohne Ermüdung. Verlust! Von 3 bis 4 Uhr leichte Arbeit an der Presse; 0,70%. Dennoch

Verlust. Um 4.45 Uhr: Maschine mit Bedienungsknöpfen. Donnerstag früh. – Maschine mit Bedienungsknöpfen; 0,56% (müssten 0,72% sein). 1160[1] *den ganzen Vormittag – sehr schwierig. Nachmittag – Stromausfall. Warten von 1.15 Uhr bis 3 Uhr. Arbeitsschluss um 3 Uhr. Freitag. – Rechtwinklige Stücke an der Presse (vorderes Werkstück nur rechten Winkel begradigen). 100 Stücke Ausschuss (zerdrückt, weil die Schraube sich gelockert hatte) ... Sechste Woche ... Mittwoch, 9. – Einer Arbeiterin der Bohrabteilung riss die Maschine trotz des Netzes ein ganzes Haarbüschel aus; man sieht eine große kahle Stelle auf ihrem Kopf ... Dennoch kam sie am Nachmittag zur Arbeit, obwohl sie viel Schmerzen und noch mehr Furcht gehabt hatte ... Die Erschöpfung lässt mich schließlich die wahren Gründe meines Aufenthaltes in der Fabrik vergessen, macht die stärkste Versuchung dieses Lebens fast unüberwindlich: nicht mehr denken.*[2]

1 Die Zahl bezeichnet die Anzahl der produzierten Werkstücke.

1 Simone Weil: *Fabriktagebuch und andere Schriften zum Industriesystem*. Frankfurt am Main 1978, 43–61 (fragmentarische Auszüge).

Es bleibt nicht beim Tagebuch. Simone Weil tritt in Kommunikation mit Personen, die aus ihrer Sicht die Möglichkeit haben, an diesem Elend etwas zu ändern, zum Beispiel Unternehmer. Und schließlich verfasst sie die Texte, die vorliegend neu herausgegeben werden. Vom Stakkato der Fabriktagebücher zwar bereits jahrelang und meilenweit entfernt, ist doch die Fabrikerfahrung so nah, dass man sie mit riecht, hört und vor allem spürt.

Im mehrfachen Sinne sind ihre Zeilen »visionär«. Weil sieht, erstens, genau hin – *visio*, das ist das Sehen. Sie sieht tief ins Geistige, auch in den Abgrund, »die schmerzerfüllten Augen in der morgendlichen U-Bahn, die tiefe, wesenhafte Müdigkeit der Seele mehr noch als des Körpers, die abends beim Herauskommen Haltung, Blicke und Züge um den Mund zeichnet; es sind die Blicke und das Verhalten von Käfigtieren, wenn eine Fabrik nach zehntägiger Schließung wieder für ein endloses Jahr öffnet; die diffuse Brutalität«. Das ist noch nah an der Beschreibung. Eine Reflexionsstufe weiter konkretisieren sich philosophische Begriffe: Der Arbeiter verrichtet Arbeit aus einem Bedarf heraus (Notwendigkeit), nicht mit Blick auf etwas Gutes (Zweck), und wenn »die Existenz nicht mit einem einzigen Gut mehr geschmückt ist« und der Mensch nur gehorcht, nichts anzielt, nicht bestimmen kann, versklavt ist, »befindet sich die Seele im Grauen«. Auch das ist noch dicht an der Situation, aber es ist Anthropologie. Nicht immer kann man sich beim Lesen des Gedankens erwehren, dass das, was 1934 an Fabriken neu war und sich auf sie auch, in gewisser Weise, begrenzte, sich heute überall befindet, wo Menschen noch arbeiten. Die sogar in selbstbestimmteren Arbeitsumgebungen heute oft extrem hohe Fremdbestimmtheit über eine Vielzahl von Informationskanälen, die fast rund um die Uhr kurze und präzise Reaktionen erfordern, wenn etwa der Wettbewerbserfolg des eigenen Start-ups sich einstellen soll, ist nur ein kleines Beispiel, das viele betrifft.

»Visionär« im Sinne kreativer, realer Lösungsansätze ist Weils Perspektive, zweitens, aber auch. Einer ihrer Ansatzpunkte ist die Veränderung der Arbeitsanreize, die ihrer Meinung nach falsch gesetzt sind: Nicht Angst und Gier sind geeignete Motive, sondern das Bewusstsein von dem Zweck, den der Arbeitsschritt, den man gerade vollzieht, für ein Produkt besitzt, und den dieses wiederum für eine ganze Gesellschaft erfüllt. Angst und Gier sind für Weil durch das Bewusstsein von diesem Zweck zu ersetzen, nicht deshalb, weil die ersten »niedriger« sind, sondern weil sie als Motive zur Auflösung seelischer Verelendung überhaupt nicht funktionieren. Ein weiterer Ansatzpunkt ist der Umgang mit Zeit. Diese muss, so Weil, zumindest zu einem gewissen Grad für Menschen selbst gestaltbar sein, auch wenn alle Menschen ihr durch die menschliche Grundsituation schonungslos unterworfen sind. Statt wie ein Sklave jederzeit, von Befehl zu Befehl, jede Körperbewegung zur Disposition stellen zu müssen, sollte ein Arbeiter beispielsweise zwei Wochen im Voraus wissen, was er anfertigen wird, sodass sein Geist sich beteiligen kann in einer eigenen Vorstellung und einer gewissen Vorhersagbarkeit. Außerdem sollten die Arbeiter regelmäßig ihre Arbeitsplätze ihren Familien zeigen dürfen und natürlich Stolz erfahren können gegenüber denen, die ihnen familiär verbunden sind. Sie sollten Gesamtabläufe verstehen und sich so die Fabrik als eine Heimat, wenn schon nicht rechtlich, so doch gedanklich aneignen. Und nicht zuletzt: »Die Fabrik sollte ein Ort der Freude sein.« Im Text zu den *Grundbedingungen einer nicht servilen Arbeit* entwirft Simone Weil ein Programm der tiefgehenden psychologischen Beheimatung und Versenkung einer Person in ihrer Arbeit als eine Poetik aller Arbeit. Mit Hilfe von Beispielen lehrt sie, die Arbeitsschritte, Instrumente und Gegenstände als Symbole und Zeichen zu verstehen für das ganze Universum und darüber hinaus für das, was sie als Gegengewicht des Universums bezeichnet: für Gott. Simone Weil möchte von Fabrikbesitzern, dass sie das Interesse entwickeln, die Seelen ihrer Arbeiter nicht zu zerstören, und dass sie ihre Arbeiter anleiten, die Arbeit symbolisch wahrzunehmen, und Feste entwerfen und gestalten, die diese Symbole feiern. In dieser Weise wendet sich Arbeit dann als Gebet zu Gott.

Indem sie die Soziale Frage anders auffasst, beantwortet sie sie also auch anders. Ihre Aufmerksamkeit gilt der einzelnen Seele – ihrer Verfassung, ihrer Würde. Sie kritisiert den Marxismus dafür, dass er wütende Massen hervorruft, die über andere wieder so gewaltsam herrschen, wie sie selbst nicht beherrscht werden wollten. Sie hat dennoch für das »Proletariat« auch als Ganzes eine geradezu euphorische Sicht, wegen der mit Arbeit grundsätzlich verbundenen vorzüglichen Unmittelbarkeit zu Gott, die bei den Fabrikarbeitern eine besondere Gestalt hat: »Der Arbeiterstand ist der, in dem der Hunger nach Sinnhaftigkeit, der das eigentliche Wesen jedes Menschen ausmacht, nicht gestillt werden kann außer durch Gott.« Es drängen sich im Fabriktag, der so monoton ist, praktisch keine spezielleren Zwecke – auf den ersten Blick hilfreich, aber doch auf dem Weg zu Gott wie Hindernisse – dazwischen. »Nichts trennt [die Arbeiter] von Gott. Sie brauchen bloß den Kopf zu heben. Die Schwierigkeit für sie ist es, den Kopf zu heben.«

Gebetsexperimente

Mitten in Weils visionärsten Vorschlägen für eine Verbesserung der Fabriksituation als anfängliche Lösung der Sozialen Frage steht Gott. Das kann im 21. Jahrhundert Ratlosigkeit hervorrufen. Ist Weil nach ihrer mystischen Konversion in der Begegnung mit dem Katholizismus, die genau zwischen beiden Texten datiert, von der Politik doch in die Religion »weggerutscht«? Zumal Gott bei Simone Weil nicht einmal so politisch dasteht wie im Kontext der katholischen Soziallehre. Während 1931, fast gleichzeitig, die päpstliche Enzyklika *Quadragesimo anno* strukturelle Vorschläge für eine bessere Gesellschaftsordnung macht, wobei sie explizit bekennend – gegen den ungläubigen Sozialismus – auf Disziplinierung des rechten Glaubens und dessen Transzendenzbezug pocht, will Weil hinaus auf einen bestimmten Seelenzustand, den sie als Aufmerksamkeit bezeichnet.

Diese Aufmerksamkeit ist für sie, das sagt sie direkt, »nichts anderes als Gebet«. Dies Gebet besteht nicht in einer Anrufung Gottes und überhaupt nicht aus Worten. Vielmehr entsteht es aus einer bestimmten Art konzentrierter Arbeit, die auf den Gegenstand gerichtet ist, als poetische »Kontemplation« (oder »intuitive Aufmerksamkeit«), die, so Weil, »eine direkte Verbindung zu Gott ausmacht«. Der französische Begriff *attente*, der zugleich Warten und Aufmerken bedeutet, als ein zentrales Konzept im Denken Simone Weils, ist auch ihr Zugang zur Situation der Fabrikarbeiter. »[D]er schlimmste Anschlag, der es wohl verdienen würde, als Verbrechen gegen den Geist ohne Vergebung identifiziert zu werden«, befindet sie, »ist der Anschlag auf die Aufmerksamkeit der Arbeiter« – dass der Geist gelähmt wird, getötet wird. Das ist der Kern des Problems aus ihrer Wahrnehmung. Sie hat begriffen, dass das Unglück stumm ist, weil, wie sie es formuliert, »Demütigung stets verbotene Zonen [erschafft], in die sich das Denken nicht hineinwagt und die entweder durch Schweigen oder durch Lügen überdeckt werden«. Daraus folgt eine Geistlähmung. Diese Einsicht hat sie gewonnen im Kontakt mit der Demütigung, die die Aufmerksamkeit zerstört.

Ihre Vorschläge sind Gebetsexperimente (oder Experimentgebete). Nicht das Aufhängen religiöser Bilder in Fabriken will sie, sondern kontemplative Aufmerksamkeit auf das Material, die Werkzeuge und die Handgriffe. Nicht über Wahrheit sinnieren, sondern Wahrheit betrachten und Symbole finden und Feste gestalten, die aus dem Konkreten heraus fühlbar und sichtbar machen, wie Geist sich zum Universum verhält. »Geist«, das ist hier nicht etwas Außergewöhnliches, Größeres oder Abstrakteres – im Gegenteil. Er ist das menschliche Verhältnis zum ganz Konkreten.

Wenn man die Vorschläge nicht als Stabilisierungsimpuls eines ständischen Gesellschaftsmodells liest, sondern – was angesichts gegenwärtiger Arbeitswelten global zutreffender wäre – als geistlichen Umgang mit »geistlosen« Routinen, dann gäbe es auch heute noch viele Labore für die von Simone Weil vorgeschlagenen Experimente. Die möglichen Laboratorien sind überall. Das, was Simone Weil als Sklaverei bezeichnet, gibt es in der durchglobalisierten Welt, in der Armut wie auch im finanziellen Reichtum, mehr denn je.

Die einzige Schwierigkeit besteht darin, das Instrumentarium dieser Laboratorien vorzubereiten. Es besteht in einer seelischen Ressource. Nicht jeder Mensch kann und will, so wie Simone Weil, Indologie, antike Literatur und Philosophie, Theologie, Geometrie und Musik studieren, bevor er zuständig wird für die Gestaltung von Gesellschaft, für die Leitung eines Unternehmens oder einfach nur für die Einteilung seiner eigenen Tage.

Das ist eine echte Frage. Auf der Schulung der Wahrnehmung, nämlich der sinnlichen, seelischen, sozialen und geistigen Wahrnehmungsfähigkeit, ruht das ganze Gebet und die symbolische Transformation der Arbeitswelt. Nur mit Hilfe der Wahrnehmung des Problems kann ein darin befindlicher Akteur etwas Wirksames unternehmen. In diesem Prozess wäre eine, verglichen mit Weil, nachhaltigere Bewirtschaftung der physischen Ressourcen, sprich: nicht selbst zu verhungern – zumindest theologisch – näher an dem, was ihr Denken sonst im Kern grundlegte: Christentum. Weil sträubte sich zwar dagegen, durch die Taufe der Kirche eingegliedert zu werden, und bevorzugte den Platz an der Schwelle zur Kirche, aber ihr Denken war doch zutiefst vom Christentum geprägt. Und trotzdem setzte sie sich so wenig an die realen Tische der Gastmähler, die auch im Christentum so bedeutsam sind, dass etwas fehlt. Am Ende fehlt ihr ein wichtiger Aspekt der Schwerkraft, den sie übersehen hat: Nicht nur menschliche Trägheit, sondern auch irdisches Gebet beruht auf etwas Fett, wie Joseph Beuys es als Aktionskünstler thematisieren würde. Essen mit den Hungrigen, nicht hungern mit den Hungrigen. Diese Sätze zu schreiben kostet viel Mut zum Risiko, denn sie sind die missverständlichsten von allen und zugleich die, die vermutlich die irrtumsanfälligsten sind. Es geht jedenfalls nicht um einen Gesundheitsratschlag. Es geht um die Auseinandersetzung mit Weils Konzept eines »Gegengewichts zum Gewicht des Universums«. Fehlt der genannte Aspekt der Schwerkraft in ihrem Denken wirklich? Simone Weils Programmausrichtung ist nicht elitär, aber sie ist menschlich überaus anspruchsvoll. Man kann sich leicht verirren. Platons Höhle wird im Gleichnis für den von der Sonne Zurückkehrenden gefährlich. Vielleicht ist tatsächlich nichts im Christentum so komplex wie die Antwort auf die Frage, wie genau man das eigene Leben hingeben soll. Um die von Simone Weil vorgeschlagene tiefe Transformation der Arbeitswelt durch Aufmerksamkeit (einmal sagt sie auch: »Kontemplation«) anzuleiten und vollziehen zu können, bräuchte es wohl kurze, aber philosophisch und theologisch hinreichend komplexe Gebetskurse (oder: Kontemplationskurse). Sie könnten im hohen Freiheitsgrad und dichten Einführen in einen eigenen theologischen Grund ähnlich sein wie Ignatianische Exerzitien, jenen Mitte des 16. Jahrhunderts vom spanischen Gründer des Jesuitenordens entwickelten »Geistlichen Übungen zur Unterscheidung der Geister«, zum »Erspüren innerer Regungen« mit Gott. Weniger dürfte es jedenfalls keinesfalls sein. Simone Weil hat einen freien, aufrechten Menschen vor Augen, der den Horizont des Ewigen trägt, während er die Zeit mit Gott erfasst. Gott erscheint darin als Rhythmiker und Poet.

Wenn die Philosophin von Brot (»Anblick des eingegrabenen Korns«) und von Kreuz (»das im Karfreitagshymnus mit einer Waage verglichen wird«) spricht, gebraucht sie christliche Theologie so sehr, dass ihr Text nur verstanden und beantwortet werden kann auf der Grundlage einer gewissen Vertrautheit mit christlich-theologischer Dogmatik. Verstanden und beantwortet – nicht bloß zitiert und beurteilt: Simone Weil ist eine der anregendsten und herausforderndsten

Denkerinnen des 20. Jahrhunderts zum philosophischen Umgang mit dem theologischen Thema Inkarnation. Ihr Denken und ihr Leben (und Sterben) als Einheit bilden gemeinsam eine Frage in Thesenform, die es meines Erachtens verdient, beantwortet, anstatt bloß zitiert oder mit Widerspruch belegt zu werden. Nicht zuletzt deshalb, weil etwa die kirchlichen Bewegungen des Arbeiterpriestertums und der Befreiungstheologie ihre stützenden Anknüpfungen an die Dogmatik gern vermehren würden und dafür echte Gesprächspartner zur Auseinandersetzung brauchen, sollten die Texte jedenfalls von Theologen gelesen werden, die sich mit dem Thema Arbeit oder auch dem Problem der, wie Simone Weil sagen würde, Schwerkraft befassen. Philosophen sollten sich allerdings von Gott bei Simone Weil auch nicht abschrecken lassen, im Gegenteil. Simone Weil praktiziert eine vernünftige Reflexion des christlichen Glaubens in einem kreativen Sinne: Sie denkt. Die Theologie, auf die sie zurückgreift, bietet eine Art »Denkmuster«, was wohl auch die ursprüngliche Funktion der Aussagen innerhalb der Theologie war: neuer Anfang, nicht Ende des Denkens und des irdischen und himmlischen Arbeitslebens zu sein. Wie gut das möglich ist, zeigen die folgenden Texte.

Britta Müller-Schauenburg, München 2023

Erfahrungen
aus dem Fabrikalltag

Die folgenden Zeilen beziehen sich auf eine Erfahrung aus dem Fabrikalltag, die vor 1936 gemacht wurde. Sie mögen viele Menschen überraschen, die außer durch die Volksfront keinen direkten Kontakt zu Arbeitern hatten. Die Arbeitsbedingungen ändern sich kontinuierlich; manchmal sind sie von einem Jahr zum nächsten anders. Die Jahre vor 1936, die infolge der Wirtschaftskrise sehr hart und brutal waren, spiegeln die proletarische Situation jedoch besser wider als die traumähnliche Zeit, die darauf folgte.

Offizielle Erklärungen ließen verlauten, dass der französische Staat ab sofort versuchen würde, dem proletarischen Zustand ein Ende zu setzen, also dem, was den Arbeitern an Erniedrigungen zugemutet wird, sei es innerhalb oder außerhalb der Fabrik. Die erste Schwierigkeit, die es dabei zu überwinden gilt, ist die Unwissenheit. Im Verlauf der letzten Jahre war durchaus zu spüren, dass Fabrikarbeiter eigentlich auf eine Art entwurzelt sind, im Exil auf dem Boden ihres eigenen Landes. Doch man weiß nicht, warum. Durch die Vororte zu spazieren, die traurigen und dunklen Zimmer anzusehen, die Häuser, die Straßen, das hilft nicht wirklich dabei, zu erkennen, welches Leben man dort führt. Das Unglück eines Arbeiters in der Fabrik ist sogar noch rätselhafter. Die Arbeiter selbst können kaum je darüber schreiben, sprechen oder auch nur darüber nachdenken, denn die erste Folge eines jeden Unglücks ist, dass das Denken flüchten will; es will das Unglück, das es verletzt, nicht betrachten. Daher wiederholen Arbeiter, wenn sie über ihr eigenes Schicksal sprechen, meist die Propagandasätze, die von Menschen stammen, die selbst keine Arbeiter sind. Mindestens genauso schwer ist es für einen ehemaligen Arbeiter; zwar fällt es ihm leicht, über seinen ursprünglichen Zustand zu sprechen, jedoch sehr schwer, wirklich darüber nachzudenken, da nichts so schnell von Vergessen überdeckt wird wie vergangenes Unglück. Ein Mensch mit hinreichend Talent kann es von außen dank der Berichte sowie kraft des Vorstellungsvermögens bis zu einem gewissen Grad erahnen und beschreiben; so widmete Jules Romain dem Fabrikalltag ein Kapitel von *Die guten Willens sind*. Doch er geht darin nicht sehr weit.

Wie schafft man ein Übel ab, ohne klar erkannt zu haben, worin es besteht? Die folgenden Zeilen können vielleicht ein wenig dazu beitragen, das Problem zumindest anzudeuten, da sie aus der direkten Berührung mit dem Fabrikalltag stammen.

Die Fabrik könnte unsere Seele mit dem mächtigen Gefühl eines kollektiven – man könnte sagen, einstimmigen – Lebens erfüllen, das die Teilnahme an der Arbeit einer großen Fabrik vermittelt. Alle Geräusche haben Bedeutung, alle sind rhythmisch, sie verschmelzen zu einer Art großem Atem der gemeinschaftlichen Arbeit, an dem teilzuhaben berauschend ist. Noch berauschender ist es, dass das Gefühl von Einsamkeit dadurch nicht beeinträchtigt wird. Es gibt nichts als metallische Geräusche, drehende Räder, Beißen auf Metall; Geräusche, die weder von Natur sprechen noch von Leben, sondern von der ernsten Tätigkeit des Menschen an den Dingen, fortwährend, ununterbrochen. Man ist verloren in einem großen Rumoren, während man es gleichzeitig beherrscht, weil aus dem anhaltenden, permanenten und wechselhaften Bass das Geräusch derjenigen Maschine heraussticht und zugleich damit verschmilzt, die man selbst bedient. Man fühlt sich nicht klein wie in einer Menschenmenge, man fühlt sich unersetzlich. Die Transmissionsriemen erlauben es, wo es welche gibt, diese Einheit des Rhythmus, die der ganze Körper durch die Geräusche und die leichte Vibration aller Dinge spürt, mit den Augen aufzusaugen. In den dunklen Morgen- und Abendstunden im Winter, wenn nur das elektrische Licht brennt, richten sich alle Sinne auf ein Universum, in dem nichts an die Natur erinnert, nichts umsonst ist, in dem alles Zusammenprall ist, ein harter und zugleich erobernder Zusammenprall des Menschen mit der Materie. Die Lampen, die Riemen, die Geräusche, der harte, kalte Schrott, alles trägt zur Transmutation des Menschen in einen Arbeiter bei.

Wenn es das schon wäre, der Alltag in einer Fabrik, dann wäre es zu schön. Doch so ist es nicht. Solche Freuden sind die Freuden freier Menschen; doch die die Fabriken bevölkern, spüren davon außer in kurzen und seltenen Augenblicken nichts, weil sie keine freien Menschen sind. Nur wo sie vergessen, dass sie nicht frei sind, können sie die Freude spüren, was jedoch selten vorkommt, da man sie den Schraubstock der Unterordnung immer spüren lässt, durch die Sinne, am Körper und an tausend kleinen Details, die die Minuten füllen, aus denen ein Leben besteht.

Das erste Detail im Verlauf des Tages, das die Zwänge spürbar macht, ist die Stechuhr. Der Weg von zu Hause zur Fabrik wird durch den Umstand beherrscht, dass man dort vor einer bestimmten, mechanisch festgelegten Sekunde ankommen muss. Fünf oder zehn Minuten zu früh kommen darf man natürlich gern. Der Zeitablauf erscheint dadurch als etwas Unbarmherziges, das keinen Spielraum für Zufälle lässt.

Dies ist im Arbeitertag der erste Angriff einer Regelung, deren Brutalität den ganzen Teil des Lebens beherrscht, den man zwischen den Maschinen verbringt: Der Zufall hat keine Daseinsberechtigung in der Fabrik. Natürlich gibt es ihn dort, wie auch überall sonst, aber er wird nicht anerkannt. Was erlaubt ist, oft zum großen Schaden der Produktion, ist das Kasernenprinzip »Ich will es nicht wissen«. Einbildungen sind sehr wichtig in der Fabrik. So gibt es Regeln, die nie beachtet werden, aber dennoch ständig in Kraft sind. Und widersprüchliche Regeln sind nach der Logik der Fabrik nicht widersprüchlich. Trotz alldem muss die Arbeit erledigt werden, muss der Arbeiter zurechtkommen, unter Androhung seiner Entlassung. Und er kommt zurecht.

Die großen und kleinen Kümmernisse, die dem menschlichen Organismus in der Fabrik ständig auferlegt werden, oder, wie Jules Romains sagt, »das Sortiment kleiner körperlicher Nöte, die die Aufgaben nicht erfordern und von denen sie keineswegs profitieren«, tragen nicht weniger dazu bei, die Zwänge spürbar zu machen. Nicht die mit den Arbeitsanforderungen verbundenen Leiden – denn diese zu ertragen kann man stolz sein –, sondern die unnötigen. Sie verletzen die Seele, weil man zumeist kaum daran denkt, sich deswegen beschweren zu gehen; und man weiß auch, dass hieran nicht zu denken ist. Man ist sich von vornherein gewiss, dass man abgewiesen werden wird und dass man es wortlos hinnehmen wird. Zu reden hieße, sich eine Demütigung abzuholen. Oftmals würde ein Arbeiter lieber schweigen und selbst abrechnen, wenn es etwas gibt, das er nicht ertragen kann. Oft sind solche Leiden zunächst nur leicht. Bitter werden sie dort, wo man sie spürt; und man spürt sie ununterbrochen, die Tatsache, die man so gern vergessen würde, die Tatsache, dass man in der Fabrik nicht zu Hause ist, dass man dort kein Bürgerrecht hat, dass man ein Fremder ist, der als schierer Vermittler zwischen den Maschinen und den Arbeitsteilen fungiert. Diese Tatsache berührt Körper und Seele, und unter der Berührung ziehen sich Fleisch und Denken zurück. Es ist, als würde jemand von Minute zu Minute ins Ohr wiederholen: »Hier bist du nichts. Du zählst nicht. Du bist hier, um dich zu beugen, um alles zu erdulden und still zu sein.« Einer derartigen Wiederholung kann man kaum widerstehen. Man kommt an einen Punkt, an dem man tief im Innern einsieht, dass man nichts zählt. Alle Fabrikarbeiter, oder fast alle, selbst die unabhängigsten, haben etwas kaum Wahrnehmbares in ihren Bewegungen, in ihren Augen und vor allem an ihren Lippen, das ausdrückt, wie sie gezwungen werden, sich für wertlos zu halten.

Was sie dazu am meisten zwingt, ist die Art, wie sie Befehle hinnehmen müssen. Es wird immer wieder bestritten, dass Arbeiter unter der Monotonie der Arbeit leiden, weil man festgestellt hat, dass ein Wechsel der Arbeitsabläufe für sie oft ein Ärgernis darstellt. Dennoch überkommt die Seele während einer langen Periode monotoner Arbeit Abscheu. Ein Wechsel bringt Erleichterung und Ärger zugleich, Ärger manchmal im Fall von Akkordarbeit, weil der Verdienst geringer ist und weil es Gewohnheit und fast Konvention ist, dem Geld – klar und messbar – größere Bedeutung zuzuschreiben als den nicht greifbaren, unaussprechlichen Gefühlen, die die Seele während der Arbeit ergreifen. Aber selbst, wenn die Arbeit stundenweise bezahlt wird, kommt es zu Ärger und Irritation aufgrund der Art, in der Änderungen verordnet werden. Die neue Arbeit wird plötzlich abverlangt, ohne Vorbereitung, in Form eines Befehls, dem man sofort und ohne Widerworte zu gehorchen hat. Wer so gehorcht, spürt also schlagartig, dass über seine Zeit stets durch andere verfügt wird. Der kleine Handwerker, der eine mechanische Werkstatt besitzt und weiß, dass er in zwei Wochen so und so viele Kurbelwellen, so und so viele Hähne und so und so viele Pleuelstangen liefern muss, verfügt zwar auch nicht willkürlich über seine Zeit; aber zumindest bestimmt er, sobald ein Auftrag angenommen ist, im Voraus, wie er seine Stunden und Tage einsetzt. Selbst wenn der Chef dem Arbeiter eine oder zwei Wochen im Voraus sagen würde: Zwei Tage lang machen Sie mir Pleuelstangen, dann Kurbelwellen und so weiter, dann müsste man zwar gehorchen, aber es wäre möglich, das Denken bis auf die nächste Woche auszuweiten, sie im Voraus zu skizzieren und sie zu besitzen. So ist es nicht in der Fabrik. Von dem Moment an, in dem man sich einstempelt, um hereinzukommen, bis zu dem Moment, in dem man sich ausstempelt, um zu gehen, ist man jeden Augenblick angehalten, Befehle zu befolgen. Wie ein lebloser Gegenstand, den jeder jederzeit woandershin stellen kann. Wenn man an einem Teil arbeitet, das noch zwei Stunden braucht, kann man nicht an das denken, was man in drei Stunden tun wird, ohne dass das Denken zu einem Umweg über den Vorsitzenden gezwungen ist, ohne dass man genötigt ist, erneut festzustellen, dass man Befehlen unterworfen ist. Wenn man zehn Teile pro Minute herstellt, ist es schon nach fünf Minuten so weit. Wenn man annehmen würde, dass vielleicht kein neuer Befehl mehr folgt, obwohl Befehle die einzige Abwechslung darstellen, und wenn man sie aus seinem Denken eliminierte, dann hieße das, sich dazu zu verurteilen, eine ununterbrochene Wiederholung immer gleicher Teile anzunehmen – öde und unwirtliche Strecken, die das Denken nicht durchqueren kann. Es stimmt zwar, eigentlich bevölkern tausend zerstückelte Begebenheiten diese Wüste, doch obwohl diese für die vergangene Stunde noch von Bedeutung scheinen, zählen sie nicht, wenn man sich die Zukunft vorstellt. Wenn das Denken jedoch diese Monotonie umgehen will, sich Veränderung vorstellen will, eine spontane Ordnung, dann kann es nicht vom gegenwärtigen Augenblick zu einem zukünftigen gelangen, ohne eine Demütigung zu durchlaufen. So zieht sich das Denken zurück. Die Einkapselung auf die Gegenwart erzeugt eine Art geistiger Regungslosigkeit. Die einzige Zukunft, die für das Denken erträglich ist, und über die hinaus es nicht die Kraft hat, sich auszudehnen, ist diejenige, die während der Arbeit den gegenwärtigen Augenblick von der Fertigstellung des aktuellen Teils trennt – falls man das Glück hat, dass dieser Prozess etwas länger dauert. Manchmal ist die Arbeit so absorbierend, dass sich das Denken von selbst innerhalb dieser Grenzen hält. Dann leidet man nicht. Aber abends, wenn man gegangen ist, und vor allem morgens, wenn man sich auf den Weg zur Arbeit und zur Stechuhr macht, ist es hart, an den Tag zu denken, den man vor sich hat. Und am Sonntagabend, wenn man nicht nur einen Tag, sondern eine ganze Woche vor Augen hat, ist die Zukunft etwas derart Trübes, Überwältigendes, dass das Denken darunter einknickt.

Die Monotonie eines Tagesablaufs in der Fabrik ist, selbst wenn kein Arbeitswechsel sie unterbricht, durchmischt von tausend kleinen Zwischenfällen, die jeden Tag bevölkern und aus ihm eine jeweils neue Geschichte machen; aber ähnlich wie beim Arbeitswechsel verletzen diese Zwischenfälle häufiger, als dass sie ermutigen. In der Akkordarbeit gehen sie immer mit einer Lohnkürzung einher, sodass sie dort nicht wünschenswert sind. Und oft verletzen sie auch einfach an sich. Die Furcht, die sich über alle Momente der Arbeit vage verstreut, verdichtet sich an diesen Zwischenfällen, nämlich die Furcht, nicht schnell genug voranzukommen. Und wenn man, wie es oft der Fall ist, auf andere angewiesen ist, um weiterzumachen, auf einen Vorarbeiter, einen Lagerarbeiter, einen Einrichter, dann kann das Gefühl der Abhängigkeit, der Ohnmacht, das Gefühl, dass man in den Augen derer, von denen man abhängt, nichts zählt, so schmerzhaft werden, dass es einem die Tränen in die Augen treibt, Männern wie Frauen. Die ständige Möglichkeit solcher Vorfälle, eine stillgestandene Maschine, eine nicht auffindbare Kasse, mindert nicht die Last der Monotonie, sondern beraubt sie des Gegenmittels, das sie gewöhnlich in sich trägt, nämlich der Fähigkeit, die Gedanken zu beruhigen und einzulullen, so dass sie bis zu einem gewissen Grad aufhören, empfindsam zu sein. Leise Angst verhindert jede beruhigende Wirkung und zwingt dazu, sich der Monotonie bewusst zu bleiben, selbst wenn es unerträglich ist. Nichts ist schlimmer als diese Mischung aus Monotonie und Zufall; sie verschärfen sich gegenseitig, zumindest, solange der Zufall beängstigend ist. Und er ist in der Fabrik beängstigend, da er nicht als solcher erkannt wird. Theoretisch, obwohl jeder weiß, dass das nicht stimmt, fehlt es nie an Kisten, in die man die bearbeiteten Teile legen kann, die Regler lassen nie auf sich warten, und jede Verzögerung der Produktion ist ein Fehler des Arbeiters. Das Denken muss jederzeit bereit sein, zugleich der monotonen Abfolge endlos sich wiederholender Bewegungen zu folgen und in sich selbst Ressourcen zu finden, um mit dem Unvorhergesehenen fertigzuwerden. Eine widersprüchliche, unmögliche, erschöpfende Aufgabe. Abends, wenn man aus der Fabrik kommt, ist der Körper manchmal, das Denken jedoch immer erschöpft, und zwar noch stärker. Jeder, der diese Erschöpfung erlebt und nicht vergessen hat, kann sie in den Augen nahezu aller Arbeiter lesen, die abends aus der Fabrik ziehen. Wie gern möchte man beim Eintreten mit der Stempelkarte auch seine Seele abgeben und sie beim Verlassen wieder unversehrt zurücknehmen. Doch das Gegenteil ist der Fall. Man nimmt sie mit in die Fabrik, wo sie leidet; und am Abend ist sie vor Erschöpfung wie vernichtet und die freien Stunden sind vergeblich.

Bestimmte Vorfälle während der Arbeit bereiten Freude, es stimmt, auch wenn sie den Lohn schmälern. Zuvorderst die seltenen Fälle, in denen man durch jemand anderen das wertvolle Zeugnis von Kameradschaft erhält; dann auch immer, wenn man sich selbst aus der Klemme hilft. Denn während man sich anstrengt, sich bemüht, Hindernisse austrickst, beschäftigt sich die Seele mit einer Zukunft, die ausschließlich von einem selbst abhängt. Je mehr eine Arbeit sich eignet, solche Herausforderungen mit sich zu bringen, desto mehr erhebt sie das Herz. Aber durch den Mangel an Menschen, an Kameraden oder Vorgesetzen, die den Wert des

Erreichten beurteilen und schätzen, bleibt diese Freude unvollständig. Fast immer widmen sich sowohl die Vorgesetzten als auch die Kameraden, die mit anderen Operationen am selben Teil beschäftigt sind, ausschließlich dem Teil und nicht den überwundenen Schwierigkeiten. Diese Gleichgültigkeit beraubt uns der menschlichen Wärme, von der wir ein wenig immer brauchen. Selbst der am wenigsten nach Befriedigung seiner Selbstachtung sich sehnende Mensch fühlt sich zu einsam an einem Ort, an dem es selbstverständlich ist, dass man sich ausschließlich für das interessiert, was er erledigt hat, und niemals dafür, wie er es getan hat. So werden die Freuden der Arbeit auf den Rang formloser, flüchtiger Eindrücke verdrängt, die verschwinden, kaum dass sie entstanden sind. Die Kameradschaft der Arbeiter, die sich nicht entwickeln kann, bleibt eine formlose Anwandlung, und die Vorgesetzten sind keine Menschen, die andere anleiten und bewachen, sondern Organe einer unpersönlichen, brutalen Unterordnung, kalt wie Eisen. Zwar greift die Person des Vorgesetzten in dieses Unterordnungsverhältnis ein, aber dies geschieht durch Willkür; unpersönliche Brutalität und Willkür sind weit davon entfernt, sich zu mäßigen, vielmehr verschärfen sie sich gegenseitig, so wie Monotonie und Zufall.

Nicht nur in Geschäften, auf Märkten und im Handel zählen heutzutage bloß die Produkte, nicht jedoch die Arbeit, die sie hervorgebracht hat. In modernen Fabriken verhält es sich ebenso, wenigstens auf dem Niveau des Arbeiters. Zusammenarbeit, Verständnis und gegenseitige Wertschätzung sind auf der Arbeit das Monopol höherer Kreise. Auf dem Niveau des Arbeiters sind die etablierten Verhältnisse zwischen verschiedenen Positionen und Funktionen Verhältnisse zwischen Dingen und nicht zwischen Menschen. Die Teile zirkulieren mit ihren Karteikarten, der Angabe des Namens, der Form, des Rohstoffs; man könnte fast glauben, dass sie es sind, die Personen sind, und die Arbeiter austauschbare Teile. Sie haben einen Personenstand, und wenn man, wie es in einigen großen Fabriken der Fall ist, beim Eintreten einen Ausweis vorzeigen muss, auf dem man mit einer Nummer auf der Brust wie ein Sträfling fotografiert ist, dann ist dieser Kontrast ein ergreifendes und schmerzhaftes Symbol.

Dinge spielen die Rolle der Menschen und Menschen spielen die Rolle von Dingen; dies ist die Wurzel des Übels. Es gibt zahlreiche verschiedene Situationen in einer Fabrik: Der Schlosser, der in einer Werkezugabteilung zum Beispiel Pressformen herstellt, Wunderwerke des Einfallsreichtums, langwierig zu bearbeiten, immer wieder anders, der verliert nichts, wenn er die Fabrik betritt; aber dieser Fall ist selten. In großen und sogar in vielen kleinen Fabriken hingegen gibt es Menschen, die auf Befehl fünf oder sechs einfache, unendlich oft wiederholte Handgriffe in rascher Folge ausführen, etwa einen pro Sekunde, ohne andere Pausen als ein paar ängstliche Gänge, um eine Kiste, einen Regler oder andere Teile zu suchen, bis genau zu der Sekunde, in der ein Vorgesetzter kommt, um sie gewissermaßen wie Gegenstände zu nehmen und sie vor eine andere Maschine zu stellen. Dort bleiben sie dann, bis man sie woanders hinstellt. Sie sind Dinge, so sehr es ein Mensch nur sein kann; aber Dinge, die nicht das Recht haben, ihr Bewusstsein zu verlieren, da sie stets dem Unerwarteten die Stirn bieten können müssen. Die Abfolge ihrer Bewegungen wird in der Sprache der Fabrik nicht als Rhythmus, sondern als Takt bezeichnet, und das ist auch richtig, denn diese Abfolge ist das Gegenteil eines Rhythmus. Bewegungsfolgen, die teilhaben am Schönen und sich vollziehen, ohne abgeschwächt zu werden, umfassen auch kurze, blitzartige Momente der Unterbrechung, die das Geheimnis eines Rhythmus ausmachen und dem Zuschauer, selbst über die extreme Schnelligkeit hinweg, den Eindruck von Langsamkeit vermitteln. Der Läufer scheint in dem Augenblick, in dem er einen Weltrekord bricht, langsam dahinzugleiten, während man die mittelmäßigen Läufer weit hinter ihm hetzen sieht; je schneller und besser ein Bauer mäht, desto mehr spürt der Zuschauer, dass er, wie man so treffend sagt, sich alle Zeit nimmt. Im Gegensatz dazu ist der Anblick der Bedienung von Maschinen fast immer der einer elenden Hast, der jede Anmut und Würde fehlt. Es entspricht der Natur des Menschen, innezuhalten, wenn er etwas fertiggestellt hat, sei es für einen Wimpernschlag, um es sich bewusst zu machen – wie Gott in der Genesis. Dieser Wimpernschlag des Denkens, der Unbeweglichkeit, des Gleichgewichts ist es, den man in der Fabrik während der Arbeit zu unterdrücken lernen muss. Die Bedienung von Maschinen erreicht nur dann den geforderten Takt, wenn die sekundenschnellen Bewegungen ununterbrochen und fast wie das Ticken einer Uhr aufeinanderfolgen, ohne dass je etwas markieren würde, wann eine Sache beendet ist und eine andere beginnt. Dieses Ticken, dessen trostlose Monotonie man nicht lange ertragen kann, muss mit dem Körper nahezu reproduziert werden. Die ununterbrochene Aneinanderreihung führt dazu, dass man in eine Art Schläfrigkeit verfällt, die man jedoch aushalten muss, ohne einzuschlafen. Das ist nicht bloß eine Qual; wenn daraus nur Leiden entstünde, wäre das Übel geringer, als es ist. Alles menschliche Handeln erfordert ein Motiv, das die nötige Energie liefert, um es zu erfüllen, und diese ist gut oder schlecht entsprechend einem hohen oder niedrigen Motiv. Um sich der erschöpfenden Passivität zu beugen, die die Fabrik abverlangt, muss man Motive in sich selbst suchen, denn es gibt hier keine Peitschen, keine Ketten. Peitschen und Ketten würden die Transformation vielleicht leichter machen. Die Arbeitsbedingungen selbst verhindern es, dass andere Motive verfangen als Angst vor Zurechtweisung und Entlassung, als der gierige Wunsch, Bares anzuhäufen und bis zu einem gewissen Grad die Vorliebe für Geschwindigkeitsrekorde. Alles erinnert an diese Motive und trägt dazu bei, sie in Obsessionen zu verwandeln – etwas Höheres wird nie herangezogen – und übrigens muss man dieserart besessen werden, um effizient genug zu arbeiten. Während diese Motive die Seele einnehmen, zieht sich das Denken auf einen einzelnen Punkt in der Zeit zurück, um Leiden zu vermeiden, und das Bewusstsein wird so weit ausgeschaltet, wie es die Erfordernisse der Arbeit erlauben. Eine fast unwiderstehliche Kraft, vergleichbar mit der Schwerkraft, verhindert, dass man die Anwesenheit der anderen Menschen wahrnimmt, die sich selbst ganz in der Nähe herumplagen; fast unmöglich ist es, nicht ebenso gleichgültig und brutal zu werden wie das System, in dem man gefangen ist. Umgekehrt wird die Brutalität des Systems durch die Gesten, Blicke und Worte derer, die einen umgeben, widergespiegelt und spürbar gemacht. Nach einem solchen Tag hat ein Arbeiter nur eine Klage, eine, die nicht an die

Ohren von Menschen dringt, denen diese Umstände fremd sind und die ihnen nichts sagte, wenn sie doch zu ihnen durchdringen würde: Es war eine lange Zeit.

Es war eine lange Zeit für ihn, und er hat sie im Exil verbracht. Er hat seinen Tag an einem Ort verbracht, an dem er nicht zu Hause war; die Maschinen und die Teile sind dort zu Hause, und er wird dort einzig geduldet, um Teile den Maschinen zu nähern. Um nichts als um sie kümmert man sich, nicht um ihn; manchmal wieder kümmert man sich zu sehr um ihn und nicht genug um sie, denn nicht selten erlebt man eine Werkstatt, in der die Vorgesetzten so damit beschäftigt sind, Arbeiter und Arbeiterinnen zu schikanieren, darauf zu achten, dass sie nicht einmal den Kopf heben, um einen Blick zu wechseln, dass währenddessen auf dem Hof Berge von Schrott dem Rost überlassen werden. Nichts ist bitterer. Aber egal, ob die Fabrik sich gut oder schlecht gegen den Schwund behauptet, in jedem Fall spürt der Arbeiter, dass er nicht zu Hause ist. Er bleibt fremd dort. Nichts ist im Menschen so stark wie das Bedürfnis, sich etwas, die Orte und Gegenstände anzueignen, zwischen denen er sein Leben verbringt und für die er es aufwendet – wenn nicht rechtlich, so doch gedanklich. Eine Köchin sagt »meine Küche«, ein Gärtner sagt »mein Rasen«, und das ist gut so. Rechtliches Eigentum ist nur eines der Mittel, die solche Gefühle verschaffen, und die perfekte soziale Organisation wäre eine, die durch den Einsatz dieses und anderer Mittel allen Menschen ein solches Gefühl vermittelte. Ein Arbeiter kann sich, außer in einigen allzu seltenen Fällen, in der Fabrik gedanklich nichts aneignen. Die Maschinen sind nicht seine; er bedient die eine oder andere, je nach Befehl. Er bedient sie, er bedient sich nicht ihrer; sie sind für ihn nicht das Mittel, um ein Stück Metall in eine bestimmte Form zu bringen, er ist für sie das Mittel, ihnen Teile heranzubringen für eine Operation, deren Verhältnis zu den vorhergehenden und nachfolgenden Operationen er nicht kennt.

Die Teile haben ihre Geschichte; sie gehen von einer Herstellungsstufe zur nächsten; er selbst zählt nichts in dieser Geschichte, er hinterlässt keine Spuren, er weiß nichts darüber. Wäre er neugierig, würde seine Neugier nicht ermutigt werden, und außerdem hindert derselbe dumpfe und permanente Schmerz, der das Denken davon abhält, sich in der Zeit zu bewegen, das Denken auch daran, sich durch die Fabrik zu bewegen, und so nagelt er es an einem Punkt im Raum wie auch an der Gegenwart fest. Der Arbeiter weiß nicht, was er produziert, und infolgedessen hat er auch nicht das Gefühl, etwas produziert zu haben, sondern nur, sich leergelaufen zu haben. Er verbraucht in der Fabrik manchmal bis ans Äußerste das Beste, was er in sich hat, seine Fähigkeit, zu denken, zu fühlen, sich zu bewegen; er verbraucht es und ist leer davon, wenn er herauskommt; und trotzdem hat er nichts von sich selbst in seine Arbeit eingebracht, weder Gedanken noch Gefühl noch auch, höchstens in geringem Maße, selbstbestimmte, auf ein Ziel hin koordinierte Bewegungen. Sein Leben selbst verlässt ihn, ohne irgendwelche Spuren um ihn herum zu hinterlassen. Nicht er, sondern die Fabrik erschafft nützliche Gegenstände, und der Lohn, den man sich alle 14 Tage abholt wie eine Herde in Reihen – ein Lohn, der bei Akkordarbeit aufgrund der Willkür und Kompliziertheit der Berechnungen unmöglich im Voraus zu bestimmen ist –, erscheint eher als Almosen denn als Preis für eine Anstrengung. Der Arbeiter, obwohl unentbehrlich für die Herstellung, ist fast nichts wert, und so scheint jedes körperliche Leid, das er unnötig ertragen muss, jeder Mangel an Achtung, jede Brutalität, jede noch so leise Demütigung eine Bestätigung dafür, dass man nichts zählt und dass man nicht zu Hause ist. Man kann sich die Frauen ansehen, die in strömendem Regen zehn Minuten vor der offenen Tür der Fabrik warten, durch die die Vorgesetzen hindurchgehen, solange die Uhr noch nicht geläutet hat: Dies sind Arbeiterinnen, die Tür ist ihnen fremder als die jedes beliebigen unbekannten Hauses, in das sie ganz natürlich eintreten würden, um Zuflucht zu suchen. Keinerlei Vertrautheit verbindet die Arbeiter mit den Orten und Gegenständen, zwischen denen sich ihr Leben erschöpft, und die Fabrik macht sie zu Fremden in ihrem eigenen Land, zu Verbannten und Entwurzelten. Bei der Besetzung der Fabriken haben weniger Forderungen eine Rolle gespielt, als vielmehr das Bedürfnis, sich dort wenigstens einmal zu Hause zu fühlen. Das gesellschaftliche Leben muss bis in den Kern korrumpiert sein, wenn sich Arbeiter erst dann in der Fabrik zu Hause fühlen, wenn sie streiken und fremd, solange sie arbeiten. Das Gegenteil sollte der Fall sein. Die Arbeiter werden sich nicht in ihrem Land zu Hause fühlen, als verantwortliche Mitglieder des Landes, solange sie sich nicht während ihrer Arbeit in der Fabrik zu Hause fühlen.

Es ist schwierig, ernst genommen zu werden, wenn man nichts als Eindrücke beschreibt. Dennoch kann man das Unglück menschlicher Zustände nicht anders beschreiben. Das Unglück besteht aus Eindrücken. Nicht allein die materiellen Lebensumstände machen das Unglücklichsein aus, so weit es irgend möglich ist, damit zu leben, da dieselben Lebensumstände, an andere Gefühle geknüpft, auch glücklich machen könnten. Es sind die an die Lebensumstände geknüpften Gefühle, die glücklich oder unglücklich machen, doch sind diese Gefühle nicht willkürlich, sie sind weder aufgezwungen noch kaschiert durch Suggestion, sie können einzig geändert werden durch eine radikale Transformation der Umstände selbst. Um diese zu verändern, müssen sie zunächst einmal erkannt werden. Nichts ist schwieriger zu erkennen als das Unglück; es ist immer ein Mysterium. Es ist stumm, wie ein griechisches Sprichwort sagt. Insbesondere müsste man sich auf eine innere Analyse einlassen, um dort die wahren Nuancen und ihre Ursachen zu erfassen, und das ist bei Unglücklichen in der Regel nicht der Fall. Und selbst wenn man sich darauf einlässt, verhindert das Unglück jede Aktivität des Denkens und erschafft Demütigung stets verbotene Zonen, in die sich das Denken nicht hineinwagt und die entweder durch Schweigen oder durch Lügen überdeckt sind. Wenn unglückliche Menschen klagen, klagen sie fast immer über etwas Falsches, ohne ihr eigentliches Unglück zu erwähnen; im Fall tiefen und permanenten Unglücks hält sie außerdem eine sehr starke Scham vom Klagen ab. So schafft jeder unglückliche Zustand unter den Menschen eine Zone des Schweigens, in der ein jeder wie auf einer Insel eingeschlossen ist. Wer der Insel entkommt, wendet nicht mehr den Kopf. Ausnahmen sind fast immer nur scheinbar. Zum Beispiel trennt den Arbeiter, der zum Vorgesetzten geworden ist und den

Arbeiter, der in den Gewerkschaften zum Berufsaktivisten geworden ist, meist dieselbe Distanz von den Arbeitern, auch wenn es anders aussieht.

Wenn jemand von außen in eine dieser Inseln vordringt und sich willentlich dem Unglück aussetzt – für eine begrenzte Zeit, aber lange genug, um darin einzudringen –, und wenn er anschließend erzählt, was einem dort widerfährt, kann man zwar leicht den Wert seiner Aussagen anzweifeln. Man wird sagen, dass er etwas anderes erlebt hat als die, die dauerhaft dort sind. Man hätte recht, wenn er sich nur auf Selbstbetrachtung verlegt hätte oder wenn er nur beobachtet hätte. Wenn er aber bereits vergessen hat, dass er von woanders herkommt, woandershin zurückkehrt und nur auf Durchreise ist, wenn er ständig das, was er selbst durchmacht, mit dem vergleicht, was er in den Gesichtern liest, in den Augen, den Gesten, den Haltungen, den Worten, in den kleinen und großen Ereignissen, entsteht in ihm ein Gefühl von Gewissheit, das leider schwer zu vermitteln ist. Die Gesichter, verkrampft vor Angst angesichts des bevorstehenden Tages und die schmerzerfüllten

Augen in der morgendlichen U-Bahn, die tiefe, wesenhafte Müdigkeit der Seele mehr noch als des Körpers, die abends beim Herauskommen Haltung, Blicke und Züge um den Mund zeichnet; es sind die Blicke und das Verhalten von Käfigtieren, wenn eine Fabrik nach zehntägiger Schließung wieder für ein endloses Jahr öffnet; die diffuse Brutalität, die man fast überall antrifft; die von fast allen empfundene Wichtigkeit an sich kleiner, doch in ihrer symbolischen Bedeutung schmerzhafter Details, wie die Pflicht, beim Betreten einen Ausweis vorzuzeigen; die erbärmlichen Prahlereien, die unter den Massen ausgetauscht werden, die sich vor den Türen der Arbeitsämter versammeln und die im Gegenteil so viele reale Demütigungen wachrufen; die unglaublich schmerzhaften Worte, die manchmal wie aus Unachtsamkeit den Lippen der Männer und Frauen entschlüpfen; Hass und Abscheu vor der Fabrik, vor dem Arbeitsplatz, die so oft in Worten und Taten zum Ausdruck kommen, dass sie einen Schatten auf die Kameradschaft werfen und Arbeiter und Arbeiterinnen dazu bringen, nach Hause zu eilen, fast ohne ein Wort zu wechseln, sobald sie die Fabrik verlassen haben; die Freude, während der Besetzung einer Fabrik die Fabrik in Gedanken zu besitzen, durch ihre Bereiche zu spazieren, der ganz neue Stolz, sie den Seinen zu zeigen und ihnen zu erklären, wo man arbeitet, Freude und Stolz, die flüchtig sind und auf ergreifende Weise den Kontrast der ständigen Schmerzen des festgenagelten Denkens zum Ausdruck bringen; all der Aufruhr der Arbeiterklasse, so geheimnisvoll für Außenstehende und in Wahrheit so leicht zu verstehen – wie kann man all diesen Zeichen misstrauen, obwohl man alle entsprechenden Gefühle in sich selbst spürt, sobald man um sich herum davon liest?

Die Fabrik sollte ein Ort der Freude sein, ein Ort, an dem es zwar unvermeidlich ist, dass Körper und Seele leiden, an dem die Seele aber nichtsdestotrotz Freude erfahren kann, sich an der Freude nähren kann. Um hier etwas zu ändern, bräuchte es einerseits nicht viel und andererseits sehr viel. Alle Systeme sozialer Reformen oder Umgestaltungen tragen Fehler in sich; wenn sie verwirklicht würden, würden sie das Übel unberührt lassen. Sie versuchen zu viel und zu wenig zu verändern: zu wenig von dem, was die Ursache des Übels ist, und zu viel an den Umständen, die damit nichts zu tun haben. Manche kündigen eine – übrigens lächerlich übertriebene – Arbeitszeitverkürzung an; aber aus dem Volk einen Haufen von Müßiggängern zu machen, der für zwei Stunden am Tag versklavt ist, wäre weder wünschenswert, selbst wenn es möglich wäre, noch moralisch denkbar, selbst wenn es finanziell zu machen wäre. Niemand würde es akzeptieren, für zwei Stunden Sklave zu sein. Damit die Versklavung akzeptiert wird, muss sie jeden Tag lange genug andauern, um etwas im Menschen zu brechen. Wenn es etwas gibt, das Abhilfe schafft, dann ist es von anderer Art und schwieriger zu konzipieren. Es erfordert Innovation. Die Art der Arbeitsanreize muss geändert werden, die Ursachen der Ablehnung verringert oder abgeschafft werden, das Verhältnis jedes Arbeiters zum gemeinschaftlichen Funktionieren der Fabrik umgestaltet werden, das Verhältnis des Arbeiters zur Maschine und die Art und Weise, wie die Zeit während der Arbeit vergeht.

Es ist weder gut, dass die Arbeitslosigkeit wie ein Albtraum ohne Ausweg scheint, noch, dass die Arbeit durch eine billige Flut von falschem Luxus kompensiert wird, der Wünsche entstehen lässt, ohne Bedürfnisse zu stillen. Diese beiden Punkte werden kaum bestritten. Aber es folgt daraus, dass die Angst vor Entlassung und die Gier nach Geld nicht länger die wesentlichen Anreize sein dürfen, die für die Arbeiter allenthalben im Vordergrund stehen, sondern dass sie entsprechend ihrem natürlichen Rang als sekundäre Anreize wirken müssen. Es sollten andere in den Vordergrund rücken.

Einer der stärksten Anreize einer jeden Arbeit ist das Gefühl, dass es etwas zu tun gibt und dass man sich dafür anstrengen muss. In der Fabrik und vor allem für den, der die Maschinen bedient, fehlt dieser Anreiz meist völlig. Wenn er tausendmal ein Teil mit dem Werkzeug einer Maschine in Berührung gebracht hat, findet er sich, abgesehen von der Ermüdung, in der gleichen Situation wie ein Kind, dem man befohlen hat, Perlen auf eine Schnur zu fädeln, damit es stillhält; das Kind gehorcht, weil es eine Strafe fürchtet und auf ein Bonbon hofft, aber sein Handeln hat für ihn keinen Sinn außer der Übereinstimmung mit dem Befehl der Person, die Macht über ihn hat. Es verhielte sich anders, wenn der Arbeiter an jedem Tag zu jeder Zeit klar wüsste, welchen Anteil das, was er gerade tut, an der Produktion der Fabrik hat und welchen Platz die Fabrik, in der er sich befindet, im gesellschaftlichen Umfeld einnimmt. Wenn ein Arbeiter ein Pressgerät auf ein Stück Messing fallen lässt, das Teil einer Vorrichtung für die U-Bahn sein soll, dann sollte er das wissen und sich darüber hinaus vorstellen, welchen Platz und welche Funktion dieses Messingstück in der U-Bahn haben wird, welche Arbeitsgänge es bereits durchlaufen hat und noch durchlaufen muss, bevor es eingesetzt werden kann. Selbstverständlich ist es nicht möglich, jedem Arbeiter vor jeder Arbeit Vorträge zu halten. Was aber möglich ist, das ist, dass jede Arbeitergruppe von Zeit zu Zeit abwechselnd durch die Fabrik geführt wird, und zwar für ein paar Stunden, die zum üblichen Tarif bezahlt werden, wobei die Führung durch technische Erläuterungen begleitet wird. Noch besser wäre es, den Arbeitern zu erlauben, ihre Familien zu den Führungen mitzubringen. Ist es denn natürlich, dass eine Frau niemals den Ort zu Gesicht bekommt, an dem ihr Mann jeden Tag und den ganzen Tag lang sein Bestes gibt? Jeder Arbeiter wäre glücklich und stolz, Frau und Kindern seinen Arbeitsplatz zeigen zu können. Es wäre auch gut, wenn jeder Arbeiter von Zeit zu Zeit das fertige Fabrikat sehen könnte, an dessen Herstellung er einen Anteil hatte, und sei er noch so klein, und wenn man ihn wissen ließe, welchen Anteil er genau daran hatte. Natürlich stellt sich dieses Problem für jede Fabrik, für jede Herstellung unterschiedlich dar, und es gibt unendlich viele verschiedene Methoden, die Neugier der Arbeiter auf ihre Arbeit zu wecken und zu befriedigen. Es braucht nicht viel Vorstellungskraft, solange man das Ziel klar vor Augen hat, nämlich den Schleier zu zerreißen, den das Geld zwischen Arbeiter und Arbeit hängt. Die Arbeiter glauben, dass sich ihre Mühen in Geld verwandeln, von dem ein kleiner Teil ihnen und ein großer Teil dem Arbeitgeber zusteht. Ein Glaube, der sich nicht in Worten ausdrücken lässt und der so formuliert absurd wäre, der aber alle Gefühle durchdringt. Man muss ihnen klarmachen – nicht mit dem oberflächlichen Teil des Verstandes, den wir offensichtlichen Wahrheiten widmen, denn auf diese Weise verstehen sie es längst, sondern mit ganzer Seele und sozusagen mit dem Körper selbst –, dass sie zu jedem Moment ihrer Bemühungen Gegenstände herstellen, die durch gesellschaftliche Bedürfnisse erforderlich sind und dass sie ein begrenztes, aber reales Recht haben, stolz darauf zu sein.

Es stimmt andererseits, dass sie nicht tatsächlich Gegenstände herstellen, solange sie sich darauf beschränken, für lange Zeit nur eine Kombination von fünf oder sechs simplen, immer gleichen Gesten zu wiederholen. So darf es nicht bleiben. Andernfalls wird es, egal, was man tut, im Herzen des gesellschaftlichen Lebens eine entwürdigte und hasserfüllte Arbeiterschaft geben. Zwar ist es wahr, dass manche geistig zurückgebliebene Menschen für eine solche Arbeit von Natur aus geeignet sind, aber es ist nicht wahr, dass ihre Zahl tatsächlich so hoch ist wie die der Arbeiter, davon ist man weit entfernt. Der Beweis dafür ist, dass unter hundert Kinder, die in bürgerlichen Familien geboren wurden, der Anteil derjenigen, die als Erwachsene maschinelle Arbeiten verrichten, viel geringer ist als unter hundert Arbeiterkindern, obwohl die Verteilung der Fähigkeiten im Durchschnitt höchstwahrscheinlich die gleiche ist. Abhilfe ist hier nicht schwer zu finden, wenigstens nicht, solange kein Metallmangel herrscht. Wann immer eine Fertigung die Wiederholung einer Kombination aus einer kleinen Zahl einfacher Bewegungen erfordert, können diese Bewegungen durch eine automatische Maschine ausgeführt werden, und das ohne jede Ausnahme. Man beschäftigt vorzugsweise einen Menschen, weil der Mensch eine Maschine ist, die der Stimme gehorcht, und weil es ihm genügt, einen Befehl zu erhalten, um binnen eines Augenblickes die eine Bewegungsabfolge durch eine andere zu ersetzen. Es existieren jedoch automatische Mehrzweckmaschinen, die man durch den Austausch einer Nocke gegen eine andere von einer Herstellung in eine andere überführen kann. Diese Art von Maschinen ist noch neu und wenig entwickelt; niemand kann vorhersehen, wie weit wir sie werden entwickeln können, wenn man sich darum bemüht. Es könnten Dinge entstehen, die man als Maschinen bezeichnen würde, die aber vom Standpunkt des arbeitenden Menschen das exakte Gegenteil der meisten Maschinen darstellen würden, die aktuell in Gebrauch sind; dass gegensätzliche Realitäten durch dasselbe Wort abgedeckt werden, kommt nicht selten vor. Einem Facharbeiter bleibt bloß das automatische Wiederholen von Bewegungen, während die Maschine, die er bedient, den gesamten Anteil an Kombinationsfähigkeit und Intelligenz allein hält, einprägt und kristallisiert in Metall, den die aktuelle Fertigung erfordert. Eine solche Umkehrung ist widernatürlich, sie ist ein Verbrechen. Aber wenn ein Mensch zur Aufgabe hat, eine automatische Maschine einzustellen und Nocken zu fabrizieren, die jedes Mal einem Werkstück entsprechen, dann übernimmt er zum einen den Teil der Denk- und Kombinationsleistung und zum anderen eine manuelle Leistung, die wie die eines Handwerkers wirkliche Geschicklichkeit beinhaltet. Eine solche Beziehung zwischen Maschine und Mensch ist ganz und gar zufriedenstellend.

Zeit und Rhythmus sind die wichtigsten Faktoren des Arbeiterproblems. Gewiss ist Arbeit nicht Spiel; es ist ebenso unvermeidlich wie angemessen, dass bei der Arbeit Monotonie und Langeweile auftreten, und außerdem kommt auf dieser Welt nichts Großes zustande ohne einen Teil Monotonie und Langeweile, in keinem Bereich. In einer Messe mit gregorianischem Gesang oder einem Concerto von Bach gibt es mehr Monotonie als in einer Operette. Diese Welt, in die wir gefallen sind, existiert wirklich; wir sind wirklich Fleisch; wir wurden aus der Ewigkeit hinausgeworfen und müssen die Zeit durchqueren, in Leiden, Minute für Minute. Dies ist unser Leid, und die Monotonie der Arbeit ist nur eine Ausformung davon. Aber es ist trotz alledem wahr, dass unser Denken dazu bestimmt ist, die Zeit zu beherrschen, und dass diese Berufung in jedem menschlichen Wesen unversehrt bewahrt werden muss. Eine absolut einheitliche und zugleich abwechslungsreiche und immer wieder auch überraschende Abfolge von Tagen, von Monaten, Jahreszeiten und Jahren entspricht exakt unserem Leid und unserer Größe. Alles, was von den menschlichen Dingen in irgendeiner Weise schön und gut ist, reproduziert zu einem gewissen Grad diese Mischung von Gleichförmigkeit und Abwechslung; alles, was davon abweicht, ist schlecht und entwürdigend. Die Tätigkeit eines Bauern gehorcht notwendigerweise dem Rhythmus der Welt; die Tätigkeit des Arbeiters ist davon aufgrund ihrer eigenen Natur größtenteils unabhängig, jedoch könnte sie ihn imitieren. Doch das Gegenteil geschieht in den Fabriken. Gleichförmigkeit und Abwechslung vermischen sich hier auch, aber diese Mischung ist das Gegenteil derer, zu der Sonne und Sterne verhelfen. Sonne und Sterne füllen die Zeit von Vornherein mit Rahmenbedingungen, die aus einer begrenzten Vielfalt bestehen und in regelmäßigen Abständen wiederkehren; Rahmenbedingungen, die dazu bestimmt sind, eine unendliche Vielfalt absolut unvorhersehbarer und teilweise ungeordneter Ereignisse zu umfassen. Im Gegensatz dazu ist die Zukunft desjenigen, der in einer Fabrik arbeitet, leer aufgrund der Unmöglichkeit von Vorhersagen und toter als die Vergangenheit durch die Gleichheit der wie Uhrenticken fortschreitenden Augenblicke. Eine Gleichförmigkeit, die die Bewegung von Uhren nachahmt und nicht die von Konstellationen, eine Abwechslung, die jede Regelhaftigkeit und infolgedessen jede Vorhersage ausschließt – dies macht dem Menschen die Zeit unbewohnbar und unerträglich.

Einzig die Transformation der Maschinen kann verhindern, dass die Zeit der Arbeiter der von Uhren gleicht, doch damit ist es nicht getan; die Zukunft muss sich dem Arbeiter durch eine gewisse Vorhersagbarkeit eröffnen, damit er das Gefühl hat, in der Zeit voranzukommen, mit jeder Anstrengung einem gewissen Abschluss entgegenzugehen. Gegenwärtig führen ihn seine Anstrengungen nirgendwohin, außer zum Arbeitsschluss, doch weil auf einen Arbeitstag stets der nächste folgt, ist der Abschluss, von dem die Rede ist, nichts anderes als der Tod. Einen anderen Abschluss kann er sich nicht vorstellen, es sei denn in Form von Lohnzahlungen, was ihn im Fall von Akkordarbeit zu Pfennigfuchserei zwingt. Den Arbeitern eine Vorstellung zukünftiger Arbeit in Aussicht zu stellen, ist ein Problem, das sich in jedem besonderen Fall neu stellt. Im Allgemeinen setzt die Lösung dieses Problems neben einer gewissen Kenntnis des Gesamtbetriebs der Fabrik, wie sie jedem Arbeiter zugestanden wird, auch eine Art der Organisation in der Fabrik voraus, die eine gewisse Autonomie der einzelnen Werkstätten gegenüber dem gesamten Betrieb sowie jedes

Arbeiters gegenüber seiner Werkstatt gewährleistet. Im Hinblick auf die nahe Zukunft sollte jeder Arbeiter so weit möglich wissen, was er in etwa während der nächsten acht oder fünfzehn Tage zu tun haben wird, und sollte sogar eine gewisse Wahl haben, in welcher Reihenfolge er die verschiedenen Aufgaben erledigen will. Im Hinblick auf die weiter entfernte Zukunft sollte er in der Lage sein, selbst einige Weichen zu stellen, nicht so weitreichend und präzise wie der Vorgesetzte und der Direktor zwar, aber doch in ähnlicher Art und Weise. So wird er, ohne dass seine tatsächlichen Rechte auch nur im Geringsten erweitert wurden, jenes Gefühl der Eigenständigkeit empfinden, nach dem das menschliche Herz dürstet und das, ohne den Schmerz zu verringern, doch die Abscheu aufhebt.

Solche Reformen sind schwierig, und einige Umstände der gegenwärtigen Zeit erhöhen noch ihre Schwierigkeit. Dagegen war das Unglück wesentlich, um darauf aufmerksam zu machen, dass etwas geändert werden muss. Die größten Hindernisse liegen in den Seelen. Angst und Verachtung zu überwinden ist schwierig. Die

Arbeiter, oder zumindest viele unter ihnen, haben sich nach tausend Verletzungen eine fast unheilbare Bitterkeit angeeignet, die dafür sorgt, dass sie beginnen, alles, was von oben kommt, als Falle zu betrachten, vor allem, wenn es von Arbeitgebern kommt. Dieses krankhafte Misstrauen, das jedwede Anstrengung zu einer Verbesserung unfruchtbar machen würde, kann nicht ohne Geduld und Beharrlichkeit überwunden werden. Viele Arbeitgeber fürchten, dass ein Reformversuch, so harmlos er auch sein mag, den Rädelsführern neuen Auftrieb verschafft, denen sie ausnahmslos alles Übel im Sozialen zuschreiben und die sie sich als eine Art mythologische Monstren vorstellen. Es fällt ihnen auch schwer, zuzugeben, dass es in der Seele der Arbeiter gewisse höhere Fähigkeiten gibt, die sich an der sozialen Ordnung zeigen würden, wenn man ihnen passende Anreize verschaffen würde. Und selbst wenn sie von der Nützlichkeit der angeführten Reformen überzeugt wären, so wären sie durch eine übertriebene Sorge um die Betriebsgeheimnisse davon abgehalten; immerhin hätte die Erfahrung sie dann gelehrt, dass Verbitterung und dumpfe, in die Herzen der Arbeiter getriebene Feindseligkeit viel größere Gefahren für sie birgt als die Neugier der Konkurrenten. Im Übrigen fallen die nötigen Anstrengungen nicht nur den Arbeitgebern und den Arbeitern zu, sondern der ganzen Gesellschaft; insbesondere die Schule sollte auf eine vollständig neue Art konzipiert werden, um Menschen auszubilden, die dazu fähig sind, die Gesamtheit der Arbeit zu verstehen, an der sie beteiligt sind. Nicht dass das Niveau der theoretischen Studien gesenkt werden sollte, eher im Gegenteil: Es sollte viel mehr dafür getan werden, um das Erwachen der Intelligenz zu ermöglichen; und zugleich sollte der Unterricht viel konkreter werden.

Das Übel, das es zu heilen gilt, betrifft die gesamte Gesellschaft. Keine Gesellschaft kann stabil bestehen, wenn eine ganze Kategorie von Beschäftigten jeden Tag und den ganzen Tag über mit Abscheu arbeitet. Diese Abscheu bei der Arbeit beeinträchtigt die ganze Lebensauffassung, das ganze Leben der Arbeiter. Die erniedrigende Demütigung, die jede ihrer Anstrengungen begleitet, sucht Ausgleich in einer Art Arbeiterimperialismus, der durch eine gewisse aus dem Marxismus stammende Propaganda unterhalten wird. Wenn ein Mensch, der Bolzen herstellt, bei der Herstellung dieser Bolzen einen legitimen und begrenzten Stolz empfindet, würde er von sich aus kaum künstlich einen grenzenlosen Hochmut in sich heraufbeschwören durch den Gedanken, dass seine Klasse dazu bestimmt ist, Geschichte zu machen und über alles zu herrschen. Genauso verhält es sich mit der privaten Lebensauffassung und besonders der Auffassung von Familie und Beziehung zwischen den Geschlechtern; die dumpfe Erschöpfung der Fabrikarbeit hinterlässt eine Leere, die durch schnelle und grobe Genüsse gefüllt werden will und anders auch nicht gefüllt werden kann, und die daraus resultierende Korruption ist für alle Klassen der Gesellschaft ansteckend. Die Korrelation ist auf den ersten Blick nicht offensichtlich, aber dennoch besteht sie: Die Familie wird im Volk nicht wirklich geachtet, solange ein Teil des Volkes nur mit Abscheu arbeitet.

Aus den Fabriken ist viel Schlechtes gekommen, und dieses Schlechte muss in den Fabriken korrigiert werden. Das ist schwierig, doch vielleicht nicht unmöglich. Zuallererst müsste es Spezialisten, Ingenieuren und anderen hinreichend am Herzen liegen, nicht nur Gegenstände zu bauen, sondern ebenso, keine Menschen zu zerstören. Noch nicht einmal, sie gefügig oder gar glücklich zu machen, sondern einfach, keinen von ihnen zu zwingen, sich selbst zu erniedrigen.

Grundbedingungen einer nicht servilen Arbeit

Es gibt in der Handarbeit und in der generell ausführenden Arbeit, die die eigentliche Arbeit darstellt, ein nicht reduzierbares Element der Servilität, des Zwangs, das selbst eine vollkommene soziale Gerechtigkeit nicht auslöschen könnte. Es handelt sich um den Umstand, dass Arbeit durch Notwendigkeiten beherrscht wird, nicht durch einen Zweck. Man verrichtet sie aus einem Bedarf heraus, nicht mit Blick auf etwas Gutes, »weil man sich seinen Lebensunterhalt verdienen muss«, wie es die sagen, die ihr Leben so verbringen. Man erbringt eine Anstrengung, an deren Ende man in jeder Hinsicht nichts anderes hat als das, was man hat. Ohne diese Anstrengung verlöre man wieder, was man hat.

Doch in der menschlichen Natur gibt es für Anstrengungen keine andere Energiequelle als das Wünschen. Und es ist nicht Sache des Menschen, sich etwas zu wünschen, was er bereits hat. Denn der Wunsch ist eine Orientierung, der Beginn einer Bewegung auf etwas zu. Die Bewegung richtet sich auf einen Punkt, an dem man nicht ist. Wenn sich die kaum begonnene Bewegung am Ausgangspunkt wieder schließt, dreht man sich wie ein Eichhörnchen in einem Käfig, wie ein Verurteilter in der Zelle. Sich beständig zu drehen, erzeugt bald Widerwillen.

Widerwille, Überdruss, Abscheu – das sind die großen Versuchungen für diejenigen, die arbeiten, vor allem, wenn sie unter unmenschlichen Bedingungen arbeiten, doch auch sonst. Gerade die Besten unter ihnen reizt diese Versuchung.

Bloß zu existieren ist kein eigentlicher Zweck für den Menschen, sondern nur die Basis von allem, was gut ist, Wahrem wie Falschem. Das Gute wird der Existenz hinzugefügt. Wenn es verschwindet, wenn die Existenz nicht mit einem einzigen Gut mehr geschmückt ist, wenn sie nackt ist, hat sie keine Beziehung mehr zum

Guten. Sie wird sogar zum Übel. Und in genau diesem Moment tritt sie an die Stelle allen abwesenden Guts und wird sich selbst zum einzigen Zweck, zum einzigen Gegenstand des Wünschens. Das Verlangen der Seele wird an ein nacktes, unverhülltes Übel gebunden. So befindet sich die Seele im Grauen.

Es ist dasselbe Grauen des Augenblicks, in dem eine drohende Gewalt den Tod bringt. Zu anderen Zeiten konnte sich der Augenblick des Grauens über ein ganzes Leben erstrecken für den, der unter dem Schwert des Siegers entwaffnet und dann verschont worden war. Im Austausch für das Leben, das man ihm ließ, musste er in der Sklaverei seine Energie den ganzen Tag, alle Tage lang in Arbeit erschöpfen, ohne etwas hoffen zu können, außer, nicht getötet oder ausgepeitscht zu werden. Er konnte nichts Gutes mehr anstreben, außer zu existieren. Die Alten sagten, dass der Tag, der jemanden zum Sklaven machte, ihm die Hälfte seiner Seele genommen hat.

Jeder Zustand jedoch, den man notgedrungen in einer Periode ein und derselben Anstrengungen durchläuft, über einen Monat, ein Jahr, zwanzig Jahre, am letzten wie am ersten Tag, ähnelt einem Zustand der Sklaverei. Die Ähnlichkeit liegt in der Unmöglichkeit begründet, etwas anderes zu begehren als das, was man besitzt, in der Unmöglichkeit, seine Anstrengungen auf etwas Gutes zu richten. Man strengt sich nur an, um zu leben.

Die Einheitlichkeit der Zeit wird dann zum Alltag. In diesem Raum dreht man sich im Kreis. Man schwankt zwischen Arbeit und Ruhe wie ein Ball, der von einer Wand zur anderen zurückgeworfen wird. Man arbeitet ja nur, weil man essen muss. Aber man isst, um weiterarbeiten zu können. Und man arbeitet von Neuem, um wieder zu essen.

In dieser Existenz ist alles Zwischenschritt, ist alles Mittel, der Zweck bleibt nirgendwo hängen. Der hergestellte Gegenstand ist ein Mittel und wird verkauft. Wer würde hierein das Gute verlegen? Das Material, das Werkzeug, der Körper des Arbeiters, selbst seine Seele sind Mittel der Herstellung. Die Notwendigkeit ist überall, das Gute nirgends.

Man muss nach den Ursachen der Demoralisierung des Volkes nicht suchen. Die Ursache ist da; sie ist dauerhaft; sie ist grundlegend für den Arbeiterstand. Man muss vielmehr nach den Ursachen suchen, die es vermochten, die Demoralisierung in früheren Zeiten zu verhindern.

Große moralische Trägheit und große körperliche Gewalt, die nahezu unempfindlich gegen Anstrengungen macht, können es ermöglichen, diese Leere zu ertragen. Andernfalls braucht es Kompensationen. Das Streben nach einem anderen sozialen Status für sich oder für seine Kinder ist eine davon. Einfache und grobe Vergnügungen sind eine andere, aber von gleicher Art; der Traum tritt an die Stelle des Strebens. Sonntag ist der Tag, an dem man vergessen möchte, dass die Notwendigkeit zu arbeiten existiert. Und dazu muss man Geld ausgeben. Man muss so gekleidet sein, als würde man nicht arbeiten. Es braucht eine Befriedigung der Eitelkeit und die Illusion von Macht, die einem die Rauschmittellizenz sehr leicht verschafft. Ausschweifung hat genau die Funktion eines Rauschmittels, und der Gebrauch eines solchen Mittels ist immer eine Versuchung für die, die leiden. Im Grunde ist die Revolution eine weitere Kompensation derselben Art; es ist der ins Kollektiv gehobene Ehrgeiz, das verrückte Streben, alle Arbeiter aus ihrem Arbeiterdasein aufsteigen zu lassen.

Das revolutionäre Gefühl ist bei den meisten zunächst eine Auflehnung gegen die Ungerechtigkeit, doch schnell wird es, wie es historisch häufig geschehen ist, ein Arbeiterimperialismus, gänzlich analog zum Nationalimperialismus. Er zielt auf eine völlig unbegrenzte Herrschaft eines bestimmten Kollektivs über die gesamte Menschheit und über alle Aspekte menschlichen Lebens. Das Absurde daran ist, dass in diesem Traum die Herrschaft in den Händen derjenigen läge, die Ausführende sind und folglich nicht herrschen können.

Als Aufstand gegen soziale Ungerechtigkeit ist die revolutionäre Idee gut und gesund. Als Aufstand gegen das Unglück, das für den Zustand der Arbeiter wesentlich ist, ist sie eine Lüge. Denn keine Revolution könnte dieses Unglück abschaffen. Und doch ist es diese Lüge, die großen Einfluss hat, da das essenzielle Unglück stärker, tiefer und schneller empfunden wird als die Ungerechtigkeit selbst. Überdies werden diese beiden für gewöhnlich verwechselt. Die Bezeichnung »Opium fürs Volk«, die Marx auf die

Religion anwandte, kam ihm passend vor, wo die Religion sich selbst verriet, doch eigentlich passt sie auf die Revolution. Die Hoffnung auf eine Revolution ist stets ein Betäubungsmittel.

Die Revolution befriedigt genauso ein Bedürfnis nach Abenteuer, wie sie auch jeder Notwendigkeit klar entgegengesetzt ist, was wiederum eine Reaktion auf das besagte Unglück ist. Die Vorliebe für Kriminalromane und -filme, die Neigung zur Kriminalität, die bei Jugendlichen auftritt, entspricht ebenfalls diesem Bedürfnis.

Das Bürgertum war naiv zu glauben, dass das passende Rezept darin bestünde, den Zweck, der ihr eigenes Leben bestimmt, also den Erwerb von Geld, auf das Volk zu übertragen. Im Rahmen des Möglichen erreichten sie dies durch Akkordarbeit und Ausweitung des Handels zwischen Stadt und Land. Aber damit haben sie nichts anderes getan, als die Unzufriedenheit in ein gefährliches Maß der Verzweiflung zu steigern. Der Grund dafür ist einfach. Geld als Ziel aller Wünsche und Anstrengungen trägt nicht die Bedingungen in sich, innerhalb derer es möglich wäre, reich zu werden. Ein kleiner Industrieller, ein kleiner Kaufmann kann reich und ein großer Industrieller, ein großer Kaufmann werden. Lehrer, Schriftsteller, Minister sind unterschiedslos reich oder arm. Aber ein Arbeiter, der sehr reich wird, hört auf, ein Arbeiter zu sein, und das Gleiche gilt fast immer für einen Bauern. Ein Arbeiter kann nicht von der Gier nach Geld getrieben sein, ohne zu hoffen, allein oder mit all seinen Kameraden aus dem Arbeiterstand herauszukommen.

Das Universum, in dem die Arbeiter leben, verweigert sich der Sinnhaftigkeit. Es ist unmöglich, dass Ziele hierhin durchdringen, außer höchstens für sehr kurze Zeiträume, die an besondere Umstände geknüpft sind. Die schnelle Erschließung neuer Länder, wie es Amerika und Russland waren, bringt Veränderung über Veränderung in einem so rasanten Tempo hervor, dass uns allen fast tagtäglich neue Dinge zu erwarten, zu wünschen und zu hoffen angetragen werden; das Baufieber war das große Verführungsinstrument des russischen Kommunismus, und zwar durch Zufall, weil dies nämlich mit der wirtschaftlichen Lage des Landes zu tun hatte und nicht mit der Revolution oder der marxistischen Doktrin. Wenn man eine Metaphysik aus diesen außergewöhnlichen, vorübergehenden und kurzen Situationen entwickelt, wie es Amerikaner und Russen getan haben, dann ist diese Metaphysik eine Lüge.

Die Familie bereitet Sinnhaftigkeit in Form von Kindern, die aufgezogen werden wollen. Doch so man nicht auf bessere Zustände für sie hofft – und es liegt in der Natur der Dinge, dass ein derartiger sozialer Aufstieg notwendigerweise die Ausnahme ist –, bewahrt der Anblick von Kindern, die zu derselben Existenz verdammt sind, nicht vor dem Gefühl der Leere und des Gewichts dieser Existenz.

Die belastende Leere lässt viele Menschen leiden. Sie ist selbst für viele von ihnen spürbar, die keinerlei Bildung und eine schwache Intelligenz haben. Menschen, die dies aufgrund ihres Standes nicht kennen, können das Handeln derjenigen nicht gerecht beurteilen, die es ihr Leben lang ertragen. Man stirbt nicht an ihr, aber sie ist vielleicht genauso schlimm wie der Hunger, vielleicht noch schlimmer. Vielleicht ist es buchstäblich wahr, dass Brot weniger notwendig ist als ein Gegenmittel gegen diesen Schmerz.

In Bezug auf das Gegenmittel haben wir keine Wahl – es gibt nur ein einziges. Eine einzige Sache macht die Monotonie erträglich, nämlich ein Licht aus der Ewigkeit; dieses Licht ist die Schönheit.

Nur in einem einzigen Fall erträgt es die menschliche Natur, dass sich das Wünschen der Seele nicht auf das richtet, was sein könnte oder was sein wird, sondern auf das, was ist. Dieser Fall ist die Schönheit. Alles, was schön ist, ist Gegenstand des Wünschens, doch man wünscht sich nicht, dass es anders wäre, man wünscht sich nicht, irgendetwas daran zu ändern, man wünscht es sich als das, was es ist. Man blickt mit Sehnsucht in den Sternenhimmel einer klaren Nacht, und was man dabei wünscht, ist einzig das Schauspiel, das man bereits besitzt.

Da das Volk gezwungen ist, all sein Sehnen auf das zu richten, was es bereits besitzt, ist die Schönheit für das Volk und das Volk für die Schönheit gemacht. Für andere soziale Stände mag Poesie ein Luxus sein. Das Volk braucht Poesie, wie es Brot braucht. Nicht eine in Worten eingeschlossene Poesie, mit der es für sich genommen nichts anfangen kann – vielmehr, dass die tägliche Substanz seines Lebens selbst Poesie werde.

Eine solche Poesie kann nur eine einzige Quelle haben. Diese Quelle ist Gott. Solche Poesie kann nur Religion sein. Die Sinnhaftigkeit kann durch keine List, kein Verfahren, keine Reform, keine Umwälzung in das Universum vordringen, in das die Arbeiter durch ihren eigenen Stand gestellt sind. Aber dieses Universum kann ganz und gar an den einzig wahren Sinn gebunden werden. Es kann sich an Gott festhalten. Der Arbeiterstand ist der, in dem der Hunger nach Sinnhaftigkeit, der das eigentliche Wesen eines jeden Menschen ausmacht, nicht gestillt werden kann außer durch Gott.

Dieses ist ihr Privileg. Einzig sie besitzen es. In ausnahmslos allen anderen Schichten folgt das Handeln speziellen Zielen. Kein spezielles Ziel ist es, eine oder mehrere Seelen zu retten, die sich vor Gott nicht abschirmen und verstecken können. Abschirmung muss man durch Loslösung durchdringen. Für die Arbeiter gibt es gar keinen Schirm. Nichts trennt sie von Gott. Sie brauchen bloß den Kopf zu heben.

Die Schwierigkeit für sie ist es, den Kopf zu heben. Sie haben nicht, wie alle anderen Menschen, irgendetwas zu viel, das loszuwerden sie sich bemühen müssten. Sie haben etwas zu wenig. Es fehlt ihnen an Vermittlern. Solange man ihnen nur rät, an Gott zu denken und ihm ihre Schmerzen und ihr Leid zu unterbreiten, hat man noch nichts für sie getan.

Die Menschen gehen in die Kirchen, eigens um zu beten; und trotzdem weiß man, dass sie es selbst nicht könnten, wenn man ihnen nicht Vermittler zu Seite stellen würde, die ihre Hinwendung zu Gott unterstützen. Die Architektur der Kirche selbst, die Bilder, von denen sie voll ist, die Worte der Liturgie und des Gebets, die rituellen Handlungen des Priesters sind ihre Vermittler. Indem sie darauf ihre Aufmerksamkeit richten, wenden sie sich an Gott. Wie viel größer noch ist die Notwendigkeit solcher Vermittler am Arbeitsplatz, wo man doch nur hingeht, um seinen Lebensunterhalt zu verdienen! Hier hält alles das Denken an Irdischem fest.

Nun kann man dort nicht einfach religiöse Bilder aufhängen und denen, die dort arbeiten, empfehlen, sie anzusehen. Ebenso wenig kann man ihnen vorschlagen, beim Arbeiten Gebete zu sprechen. Die einzigen sinnlichen Gegenstände, auf die sie ihre Aufmerksamkeit richten könnten, sind die Materialien, die Werkzeuge, ihre Handgriffe. Wenn diese sich nicht selbst in Spiegel des Lichts verwandeln lassen, ist es unmöglich, während der Arbeit seine Aufmerksamkeit auf die Quelle allen Lichts zu richten. Nichts ist notwendiger und dringlicher als genau diese Transformation.

Sie wird möglich, wenn sich in dem Material, wie es den Menschen auf der Arbeit zur Verfügung steht, eine spiegelnde Eigenschaft findet. Denn es geht nicht darum, Fiktionen zu fabrizieren oder willkürliche Symbole. Fiktion, Imagination, Träumerei sind nirgendwo weniger angebracht als dort, wo es um die Wahrheit geht. Doch zu unserem Glück besitzt die Materie eine spiegelnde Eigenschaft. Sie ist ein Spiegel, der sich durch unseren Atem trübt. Es genügt, den Spiegel abzuwischen und die Symbole zu lesen, die aus der Ewigkeit in die Materie geschrieben sind.

Das Evangelium enthält einige davon. Um über die Notwendigkeit des moralischen Todes für eine neue und wahrhaftige Geburt nachzudenken, kann man in seinem Zimmer die Worte lesen oder sich wiederholen, die von dem Korn handeln, das allein durch den Tod fruchtbar wird. Derjenige aber, der selbst gerade aussät, kann, wenn er will, seine Aufmerksamkeit auf diese Wahrheit auch ohne die Hilfe eines einzigen Wortes richten, nämlich durch sein eigenes Handeln und den Anblick des eingegrabenen Korns. Wenn er nicht über die Wahrheit sinniert, sondern sie bloß betrachtet, wird seine Aufmerksamkeit nicht von der Erledigung seiner Aufgabe abgelenkt, sondern auf ein Höchstmaß an Intensität gesteigert. Nicht umsonst wird eine Fülle von Aufmerksamkeit als religiöser Eifer bezeichnet. Die Fülle von Aufmerksamkeit ist nichts anderes als Gebet.

Dasselbe gilt für die Trennung der Seele von Christus: Sie lässt die Seele vertrocknen wie eine vom Rebstock abgeschnittene Rebe. Der Schnitt der Weinreben dauert in großen Weingütern tagelang. Doch hierin liegt eine Wahrheit, die man genauso tagelang betrachten kann, ohne sie zu erschöpfen.

Es wäre einfach, zahlreiche weitere Symbole zu entdecken, die von der Ewigkeit her in die Natur der Dinge eingeschrieben sind und die nicht nur Arbeit im Allgemeinen, sondern jede Aufgabe in ihrer Einzigartigkeit umzuwandeln vermögen. Christus ist die eherne Schlange, die man nur anschauen muss, um dem Tod zu entgehen. Aber man muss in der Lage sein, ihn auf eine vollkommen ungebrochene Art zu betrachten. Dazu müssen die Dinge, die man aufgrund der Bedürfnisse und Verpflichtungen des Lebens zwangsläufig vor Augen hat, dasjenige widerspiegeln, das sie uns abhalten, direkt zu betrachten. Es wäre recht erstaunlich, wenn eine durch Menschenhand erbaute Kirche voller Symbole wäre, das Universum selbst aber nicht unendlich voll davon. Es ist unendlich voll davon. Man muss sie nur lesen.

Das Bild des Kreuzes, das im Karfreitagshymnus mit einer Waage verglichen wird, könnte eine unerschöpfliche Inspiration für die sein, die Lasten tragen, Hebel bedienen und am Abend müde sind von der Schwere der Dinge. Auf einer Waage kann ein schweres Gewicht, das in der Nähe des Drehpunktes liegt, durch ein ganz leichtes, das sich in großer Distanz befindet, angehoben werden. Der Leib Christi war ein eher geringes Gewicht, doch durch die Distanz zwischen Himmel und Erde bildete er das Gegengewicht zum Universum. Auf eine unendlich andere Art und Weise, doch aber analog genug, um hier als Bild zu dienen, muss derjenige, der arbeitet, Lasten hebt, Hebel betätigt, mit seinem schwachen Körper ebenfalls ein Gegengewicht zum Universum schaffen. Oft ist das zu schwer, und das Universum beugt Körper und Seele vor Ermattung. Doch wer am Himmel festhält, bildet leicht ein Gegengewicht. Wer diesen Gedanken einmal erkannt hat, kann durch Müdigkeit, Abgeschlagenheit und Abscheu nicht davon abgebracht werden. Er kann nur dorthin zurückgeführt werden.

Die Sonne und der Pflanzensaft sprechen auf den Feldern stetig vom Größten dieser Welt. Sehen tun wir nichts anderes als Sonnenenergie; wir essen sie, sie ist es, die uns aufrecht hält, uns unsere Muskeln bewegen lässt, die in uns all unsere Handlungen körperlich vollzieht. Vielleicht ist sie unter allen verschiedenen Formen des Universums die Einzige, die ein Gegengewicht zur Schwerkraft darstellt; sie ist es, die in die Bäume steigt, die durch unsere Arme Lasten hebt, die unsere Motoren antreibt. Sie entspringt einer unzugänglichen Quelle, der wir uns nicht einmal einen Schritt nähern können. Sie kommt ununterbrochen über uns. Doch obwohl sie uns fortwährend umspült, können wir sie nicht fassen. Einzig das pflanzliche Prinzip des Chlorophylls kann sie für uns einfangen und daraus unsere Nahrung machen. Es genügt, die Erde durch unsere Anstrengungen angemessen zu bewirtschaften, dann verstofflicht sich die Sonnenenergie durch das Chlorophyll und fließt als Brot, als Wein, Öl und Früchte in uns ein. Die ganze Arbeit eines Bauern besteht darin, diesem pflanzlichen Wirken, das ein vollkommenes Bild Christi ist, zu pflegen und zu dienen.

Die Gesetze der Mechanik, die sich aus der Geometrie ableiten und die unsere Maschinen steuern, beinhalten übernatürliche Wahrheiten. Das Schwingen einer Wechselbewegung ist das Abbild des irdischen Zustands. Was den Geschöpfen gehört, ist begrenzt, ausgenommen das Sehnen in uns, das das Kennzeichen unseres Ursprungs ist; Begierden, die uns das Unbegrenzte hier auf Erden suchen lassen, sind von da an für uns eine einzige Quelle des Irrtums und des Verbrechens. Gutes, das in Dingen enthalten ist, ist ebenso wie Schlechtes endlich, und im Allgemeinen bewirkt eine Ursache eine bestimmte Wirkung nur bis zu einem gewissen Punkt, über den hinaus die Wirkung, wenn sie nicht anhält, sich umkehrt. Gott ist es, der allen Dingen eine Grenze setzt und durch den das Meer in Ketten liegt. In Gott gibt es nur einen einzigen ewigen und unveränderlichen Akt, der in sich selbst schließt und keinen anderen Gegenstand hat als sich selbst. In den Geschöpfen gibt es nur nach außen gerichtete Bewegungen, die aber durch die Begrenzung zum Zurückschwingen gezwungen sind; dieses Schwingen ist ein abgeschwächtes Spiegelbild der Hinwendung zu sich selbst, die ausschließlich göttlich ist. Diese Verbindung hat in unseren Maschinen als Abbild die Verbindung der Kreis- und der Wechselbewegung. Ebenso ist der Kreis der Ort der mittleren Proportionalen; um absolut präzise die mittlere Proportionale zwischen einer Einheit und einer Zahl, die nicht quadratisch ist, zu bestimmen, gibt es keine andere Methode, als einen Kreis zu ziehen. Zahlen, für die es keine Mediation gibt, die sie mit einer Einheit natürlich verbindet, sind Abbilder unseres Elends; und der Kreis, transzendent im Verhältnis zum Bereich der Zahlen, der eine Mediation von außen verschafft, ist das Abbild des einen Gegenmittels für dieses Elend. Solche und viele andere Wahrheiten sind in das schlichte Schauspiel einer Seilrolle geschrieben, die eine Schwingbewegung vollzieht; sie können mit Hilfe ganz elementarer Geometriekenntnisse gelesen werden; schon der Rhythmus der Arbeit, der der Schwingung entspricht, macht sie körperlich spürbar; das menschliche Leben ist eine zu kurze Zeitspanne, um sie wirklich zu reflektieren.

Es ließen sich leicht andere Symbole finden, einige sogar noch enger mit dem Verhalten des Arbeitenden verknüpft. Manchmal würde es für den Arbeiter genügen, seine Haltung gegenüber der Arbeit auf ausnahmslos alle Dinge auszuweiten, um den vollen Umfang dieser Tugend zu erreichen. Auch für die, die andere ausübende Tätigkeiten haben als körperliche Arbeit, lassen sich Symbole suchen. Für Buchhalter kann man sie in den Grundrechenarten finden, für Kassierer in der Institution des Geldes und so weiter. Der Vorrat ist unerschöpflich.

Von diesem Punkt aus könnte man vieles tun. Jugendlichen in Studienkreisen diese großen Bilder vermitteln, verbunden mit Begriffen der Elementarwissenschaft und der Allgemeinbildung. Sie ihnen als Thema für ihre Feste und

Theaterprojekte vorschlagen. Darum herum neue Feste institutionalisieren, etwa den Vorabend des großen Tages, wenn der vierzehnjährige kleine Bauer zum ersten Mal allein pflügen geht. Mit ihrer Hilfe bewirken, dass die Männer und Frauen des Volkes in einer Atmosphäre leben, die durchflutet ist von übernatürlicher Poesie, wie im Mittelalter – stärker noch als im Mittelalter, denn warum sich beschränken im Streben nach dem Guten?

So würde ihnen das so häufige und manchmal so schmerzhafte Gefühl intellektueller Mittelmäßigkeit erspart bleiben, ebenso wie die hochmütige Selbstsicherheit, die jenes hin und wieder nach einer geringfügigen Berührung mit geistigen Dingen ersetzt. Die Intellektuellen ihrerseits könnten genauso sowohl die ungerechte Verachtung als auch die nicht minder ungerechte Sorte von Ehrerbietung vermeiden, die die Demagogie vor einigen Jahren in gewissen Kreisen in Mode gebracht hat. Die einen wie die anderen würden sich ohne jegliches Ungleichgewicht am höchsten Punkt treffen, dem Punkt der vollkommenen Aufmerksamkeit, den das vollkommene Gebet darstellt. Zumindest die, die das vermöchten. Alle anderen wüssten zumindest, dass dieser Punkt existiert, und würden sich der Verschiedenheit der aufstrebenden Wege gewahr werden, einer Verschiedenheit, die zwar auf niederen Ebenen eine Trennung schafft, wie die Ausdehnung eines Berges, jedoch keine Gleichheit verhindert.

Schulunterricht hat keinen anderen ernsthaften Zweck als die Herausbildung dieser Aufmerksamkeit. Aufmerksamkeit ist die einzige Fähigkeit der Seele, die den Zugang zu Gott ermöglicht. Schulische Übungen trainieren eine niedrige, diskursive Aufmerksamkeit, eine, die beurteilt, doch wenn sie mit der geeigneten Methode geführt wird, kann sie das Erscheinen einer anderen Aufmerksamkeit in der Seele vorbereiten, welche die höchste ist: intuitive Aufmerksamkeit. Intuitive Aufmerksamkeit in ihrer Reinheit ist die alleinige Quelle vollkommen schöner Kunst, wahrhaft erhellender und neuer wissenschaftlicher Entdeckungen, wahrhaft weisheitsorientierter Philosophie und wahrhaft hilfreicher Nächstenliebe; und sie ist es, die, unmittelbar an Gott gewendet, das wahre Gebet ausmacht.

So wie Symbolhaftigkeit es erlauben würde, zu graben und zu mähen, während man an

Gott denkt, genauso würde es eine Methode, die Schulunterricht zur Vorbereitung auf diese Art höherer Aufmerksamkeit macht, ermöglichen, dass ein Jugendlicher an Gott denkt, während er sich um ein Geometrieproblem oder eine Lateinübersetzung bemüht. Andernfalls wird auch geistige Arbeit, maskiert durch die Freiheit, zu Arbeit unter Zwang.

Wer Freizeit hat, muss, um zu intuitiver Aufmerksamkeit zu gelangen, seine Fähigkeiten diskursiver Intelligenz bis an die Grenze seiner Kapazität schulen; andernfalls hindern sie ihn sogar. Vor allem für die, deren soziale Rolle sie zwingt, solche Fähigkeiten einzusetzen, gibt es zweifellos keinen anderen Weg. Doch auch die, bei denen die Erschöpfung einer langen täglichen Arbeit andere Fähigkeiten fast gänzlich lähmt, hindert nicht viel und ihre Schulung kann zu einer Kleinigkeit verringert werden. Für sie ist nämlich gerade diese lähmende Arbeit der Weg, der zu intuitiver Aufmerksamkeit führt – wenn die Arbeit in Poesie transformiert wird.

In unserer Gesellschaft erzeugt ein unterschiedlicher Bildungsstand mehr noch als unterschiedlicher Reichtum die Vorstellung von sozialer Ungleichheit. Marx, der in der einfachen Beschreibung des Übels fast immer sehr stark ist, hat zu Recht die Trennung von geistiger und körperlicher Arbeit als Verschlechterung gegeißelt. Aber er wusste nicht, dass auf transzendenter Ebene Gegensätze jeder Art ihre Einheit haben. Der Ort der Einheit intellektueller und manueller Arbeit ist die Kontemplation, die selbst keine Arbeit ist. In keiner Gesellschaft kann derjenige, der eine Maschine bedient, die gleiche Art von Aufmerksamkeit aufwenden, wie der, der ein Problem löst. Aber beide können – wenn sie es gleichermaßen wünschen und eine Methode für die Art von Aufmerksamkeit wissen, die ihr jeweiliges Los in der Gesellschaft ist – das Entstehen und die Entwicklung einer anderen Aufmerksamkeit fördern, die über allen sozialen Verpflichtungen steht und die eine direkte Verbindung zu Gott ausmacht.

Wenn Studenten, junge Bauern, junge Arbeiter sich die verschiedenen gesellschaftlichen Rollen als gleichermaßen wirksame Vorbereitung für das Entstehen der einzigen wertvollen transzendenten Fähigkeit ihrer Seele vorstellen würden, ganz präzise, so wie man den Mechanismus eines Zahnrades klar verstanden hat, dann würde die Gleichheit konkret werden. Sie wäre zugleich ein Prinzip der Gerechtigkeit und der Ordnung.

Allein die vollkommen genaue Vergegenwärtigung der übernatürlichen Bestimmung jeder sozialen Rolle liefert einen Maßstab für Reformwillen. Nur sie ermöglicht es, Ungerechtigkeit zu definieren. Andernfalls sind Irrtümer unvermeidlich, sei es, indem man Leid, das in der Natur der Dinge liegt, als Ungerechtigkeit betrachtet, sei es, indem man der menschlichen Verfasstheit Leid zuschreibt, das eine Auswirkung unserer eigenen Verbrechen ist und auf solche zurückfällt, die es nicht verdient haben.

Eine gewisse Unterordnung und eine gewisse Gleichförmigkeit sind Leiden, die dem Wesen von Arbeit eingeschrieben sind und die untrennbar von der übernatürlichen Berufung sind, die damit einhergeht. Sie selbst verschlechtern nichts. Nur was darüber hinausgeht, ist ungerecht und verschlechtert. Alles, was verhindert, dass die Poesie sich um das Leid herum kristallisiert, ist ein Verbrechen. So genügt es nicht, die verlorene Quelle einer solchen Poesie wiederzufinden; die Arbeitsbedingungen selbst müssen es ihr erlauben zu existieren. Wenn sie schlecht sind, töten sie die Poesie.

Alles, was unauflösbar mit dem Wunsch oder der Furcht vor Veränderung, mit der Ausrichtung des Denkens auf die Zukunft verbunden ist, wäre aus einem wesentlich einheitlichen Dasein, das als solches akzeptiert würde, auszuschließen. Als Erstes das körperliche Leiden, außer wenn es durch die Notwendigkeit der Arbeit ganz offensichtlich unvermeidlich ist. Denn es ist unmöglich zu leiden, ohne sich nach Erleichterung zu sehnen. In jedem anderen sozialen Stand wären Entbehrungen besser aufgehoben als in diesem. Nahrung, Unterkunft, Ruhe und Freizeit müssen so beschaffen sein, dass ein Arbeitstag für sich genommen normalerweise frei von physischem Leid ist. Andererseits ist in diesem Leben auch Überflüssiges fehl am Platz, da das Verlangen nach Überflüssigem an sich unbegrenzt ist und den Wunsch nach einer Veränderung des Zustands impliziert. Alle Werbung, alle Propaganda, egal in welcher Form, die versucht, den Wunsch nach Überflüssigem im Land und unter den Arbeitern zu verbreiten, sollte als Verbrechen angesehen werden. Ein Individuum kann immer aus dem Arbeiter- oder Bauernstand herauskommen, sei es durch einen grundlegenden Mangel an beruflicher Eignung, sei es durch den Besitz anderer Fähigkeiten. Aber für die, die darin leben, sollte es nur die Veränderung vom eng begrenzten hin zu größerem Wohlstand geben; es sollte für sie keine Gelegenheit geben, in der sie fürchten müssten, tiefer zu fallen, oder in der sie hoffen müssten, höher aufzusteigen. In diesem sozialen Stand sollte die Sicherheit größer sein als in jedem anderen. Es sollte nicht der Zufall von Angebot und Nachfrage darüber entscheiden.

Die menschliche Willkür zwingt die Seele, sich zu fürchten und zu hoffen, ohne dass sie sich dagegen wehren könnte. Daher ist es nötig, dass sie so weit wie möglich aus der Arbeit ausgeschlossen wird. Autorität darf nur da präsent sein, wo sie ganz unmöglich fehlen kann. Der kleine bäuerliche Besitz ist daher mehr wert als der große. Überall, wo das Kleine möglich ist, ist das Große von Übel. Genauso ist die Herstellung eines Werkstückes im kleinen Betrieb eines Handwerkers besser als die, die unter dem

Befehl eines Vorarbeiters entsteht. Hiob preist den Tod dafür, dass der Sklave dort die Stimme seines Herrn nicht mehr hört. Wann immer die befehlende Stimme zu hören ist, obwohl eine praktikable Abmachung sie durch Schweigen ersetzen könnte, ist dies ein Übel.

Aber der schlimmste Anschlag, der es wohl verdienen würde, als Verbrechen gegen den Geist ohne Vergebung identifiziert zu werden – wenn er nicht wahrscheinlich unbewusst begangen würde – ist der Anschlag auf die Aufmerksamkeit der Arbeiter. Er tötet in der Seele diejenige Fähigkeit, die die eigentliche Wurzel jeder übernatürlichen Berufung bildet. Die niedere Aufmerksamkeit, die von der Taylor'schen Arbeit verlangt wird, ist mit keiner weiteren vereinbar, weil sie die Seele von allem entleert, was nicht Sorge um Geschwindigkeit ist. Diese Art von Arbeit kann nicht transformiert, sie muss abgeschafft werden.

Alle Probleme der Technik und der Ökonomie müssen abhängig von einer Konzeption der bestmöglichen Arbeitsbedingungen formuliert werden. Eine solche Konzeption ist der erste aller Maßstäbe; in erster Linie muss die gesamte

Gesellschaft solcherart beschaffen sein, dass die Arbeit diejenigen, die sie ausüben, nicht nach unten zieht.

Es genügt nicht, ihnen Leiden ersparen zu wollen, man muss ihre Freude wollen. Keine Vergnügungen, die bezahlt werden müssen, sondern kostenlose Freuden, die den Geist nicht durch Armut untergraben. Die übernatürliche Poesie, die ihr ganzes Leben durchfluten sollte, sollte in reiner Form von Zeit zu Zeit in glänzenden Festen konzentriert werden. Feste sind ebenso unverzichtbar für unsere Existenz wie die Kilometersteine für den Halt des Wanderers. Kostenlose und arbeitsintensive Reisen, ähnlich der Tour de France von einst, sollten ihnen in der Jugend den Hunger des Entdeckens und Lernens stillen. Alles sollte so aufgestellt sein, dass es ihnen an nichts Wesentlichem fehlt. Die Besten unter ihnen sollten in ihrem eigenen Leben jene Fülle besitzen, die die Künstler mittelbar durch ihre Kunst suchen. Wenn es die Berufung des Menschen ist, reine Freude durch Leid hindurch zu erlangen, dann sind sie mehr als alle anderen in die Lage versetzt, dies in der ursprünglichsten Weise zu erfüllen.